ああ、そうか、これこそが自分たちの役割なのかもしれない。震災などが起こると、私たちは知らず知らずのうちに、自らを檻《おり》のような狭い空間に閉じ込めてしまいがちだ。いや、災害がなくとも私たちはSNSの世界で日々自らを息苦しいほうへと追いやっているのだろう。まずはその状態から解き放つ。そのために、生きたことばを投げかける。「ちゃぶ台」の意義はそういうところにあるのではないか。

と、そのとき思えたわけではない。この会議の二カ月ほどあとである。本誌の巻頭に掲載した松村圭一郎さんのインタビューの際、特集の意図を説明し、松村さんの話を聞いているうちに、全てが重なって見えてきた。全てというのは、松村さんがもっと長いスパン号をしたくて一年間日本を離れたこと、私たちが「三十年後」を掲げたことで硬直状出せたこと、今に向き合うためにあえてことばを遠くに投げる必要がときにあるなど。

意味で、本号の掲げる「三十年後」はけっして未来予測ではない。「今」を大切にめに、一度、今から離れてみる。そうして見えてくる世界に、光や希望もあるのでだろうか。このような仮説を胸に、本号を編みたい。

本誌編集長　三島邦弘

ちゃぶ台

特集 三十年後

巻頭 ちゃぶ台の中の周防大島

特集 書き下ろし6本！

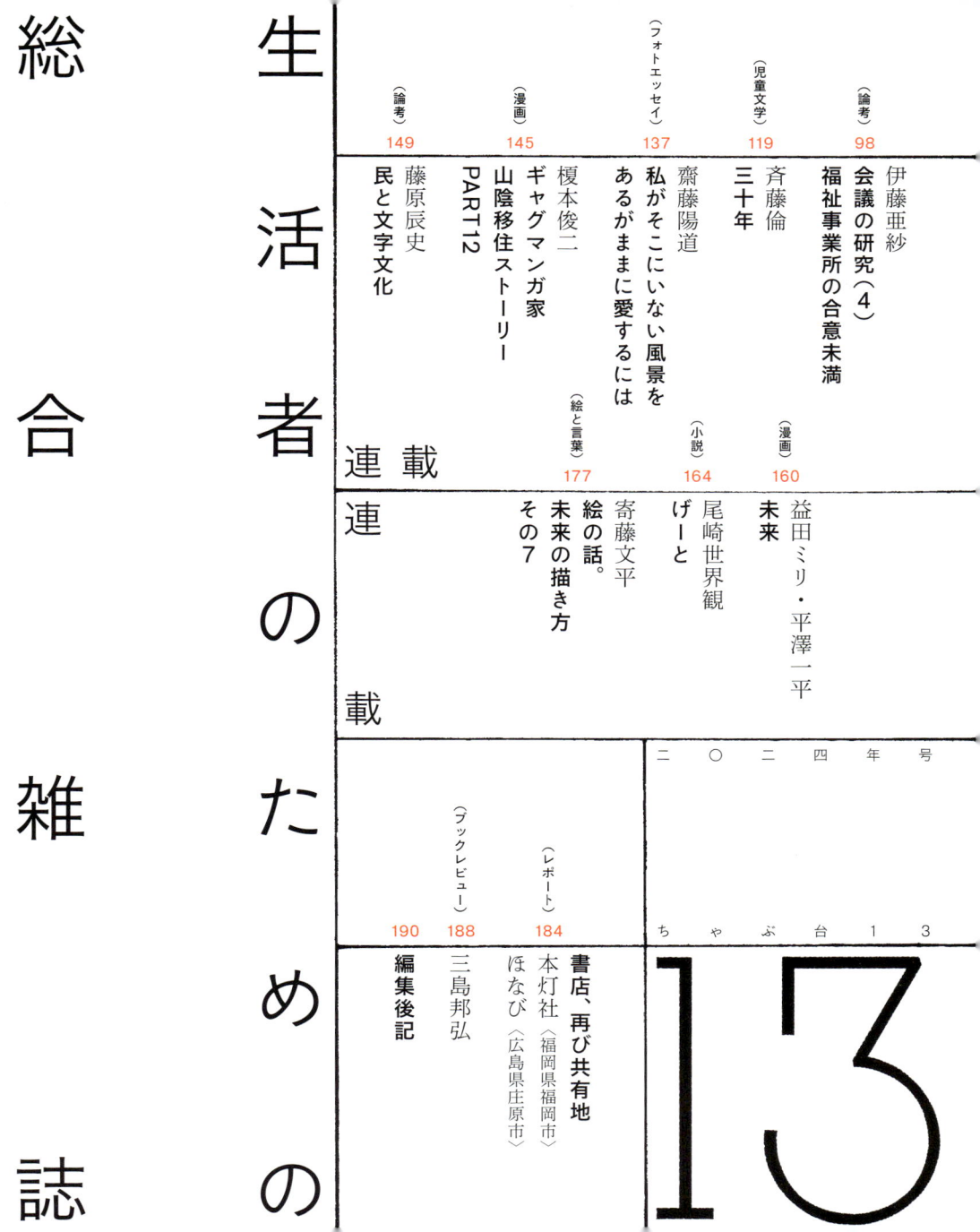

生活者のための総合雑誌

連載

連載

二〇二四年号

ちゃぶ台13

13

ちゃぶ台とは？

何を載せてもいい。誰と食べてもいい。食卓にもなれば、談話の場にもなる。それを囲むだけで、ふしぎとゆるやかなつながりが生まれる。ときには囲む必要さえない。ただそこにあるだけで、場が和んだり、無用な対立を解消する。ちゃぶ台という物体が、期せずして、そんなさまざまな機能をあわせもつように、本誌もまた、年齢、性別、属性といった記号を越えて、あらゆる世代のあらゆる生活者に届く雑誌でありたいです。「自分たちの生活の時代を　自分たちの手でつくる」。創刊以来、その手がかりを、「生活者のための総合雑誌」を掲げ、さまざまな切り口から探ってきました。6号よりデザインを一新し、刊行を年一回から二回に変更しましたが、今号より再び、年一回に戻します。時計の速度をゆるめる。これからの時代に欠かせない行動基準を、雑誌自ら実践したい。そう考えての判断です。日々の生活のちょっとした支えに、楽しみに、そして柔らかな強さに、本誌を。

（ちゃぶ台編集部より）

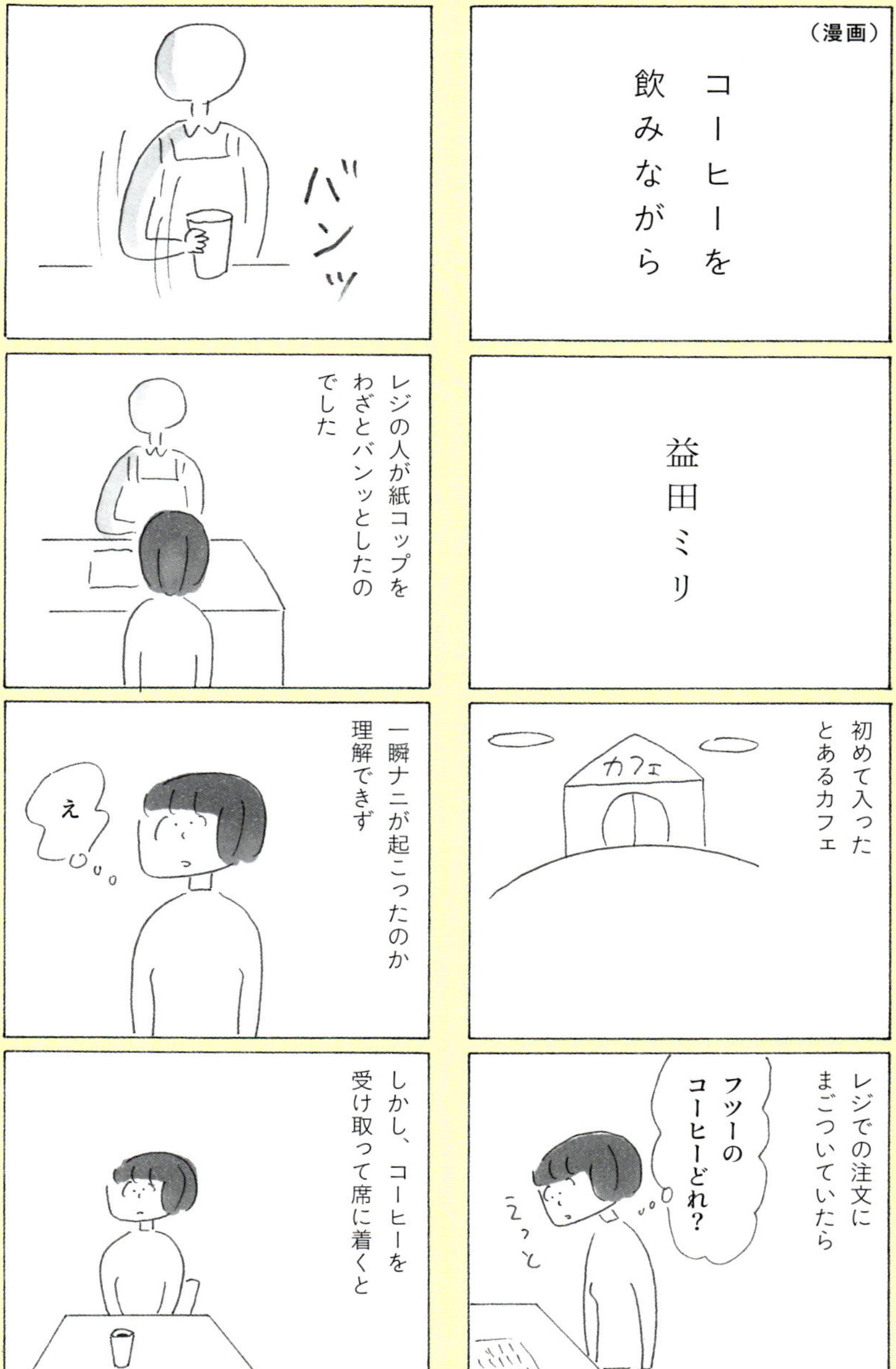
（漫画）
コーヒーを飲みながら
益田ミリ
初めて入ったとあるカフェ
カフェ
レジでの注文にまごついていたら
フツーのコーヒーどれ？
えっと
バンッ
レジの人が紙コップをわざとバンッとしたのでした
一瞬ナニが起こったのか理解できず
え
しかし、コーヒーを受け取って席に着くと

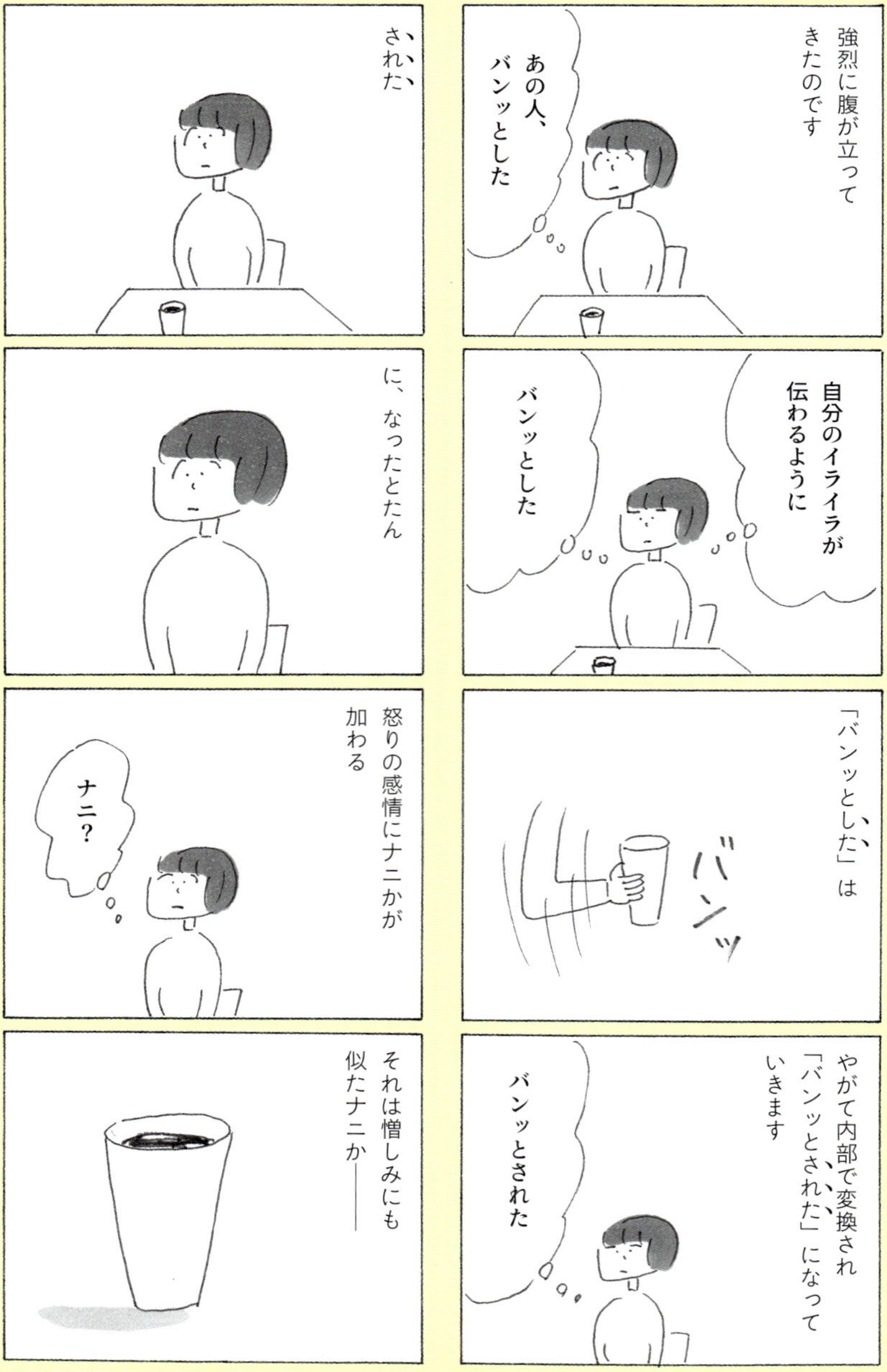
強烈に腹が立ってきたのです
あの人、バンッとした
自分のイライラが伝わるように
バンッとした
「バンッとした」は
バンッ
やがて内部で変換され「バンッとされた」になっていきます
バンッとされた
された
に、なったとたん
怒りの感情にナニかが加わる
ナニ?
それは憎しみにも似たナニか——

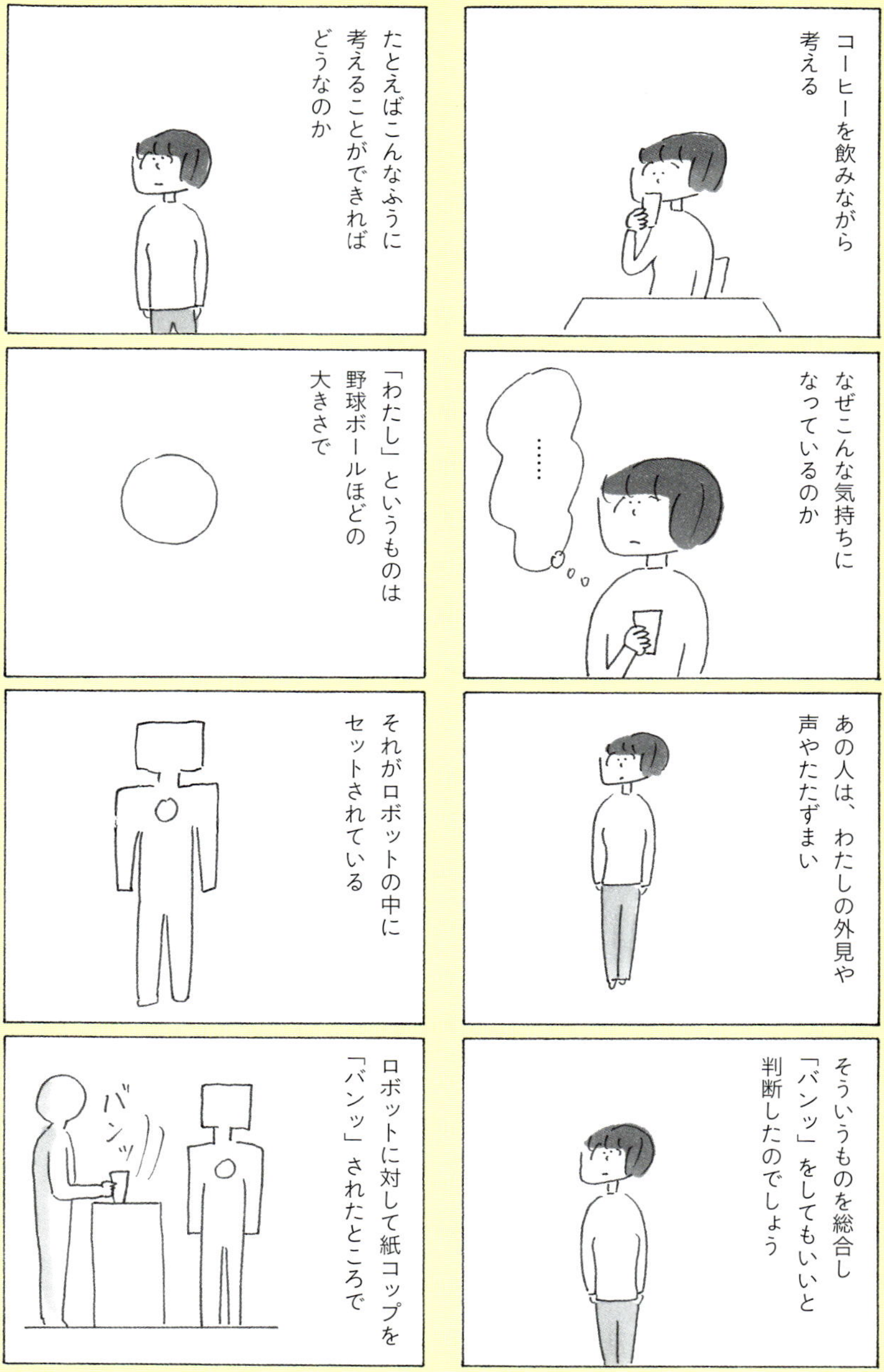

コーヒーを飲みながら
考える
なぜこんな気持ちに
なっているのか
……
あの人は、わたしの外見や
声やたたずまい
そういうものを総合し
「バンッ」をしてもいいと
判断したのでしょう
たとえばこんなふうに
考えることができれば
どうなのか
「わたし」というものは
野球ボールほどの
大きさで
それがロボットの中に
セットされている
ロボットに対して紙コップを
「バンッ」されたところで
バンッ

益田ミリ（ますだ・みり）
一九六九年大阪生まれ。イラストレーター。著書に『ほしいものはなんですか？』『みちこさん英語をやりなおす』『そう書いてあった』『しあわせしりとり』『東京あたふた族』（以上、ミシマ社）など。二〇二四年四月刊『今日の人生3　いつもの場所で』が大好評発売中！『ツユクサナツコの一生』（新潮社）で第二十八回手塚治虫文化賞短編賞を受賞。

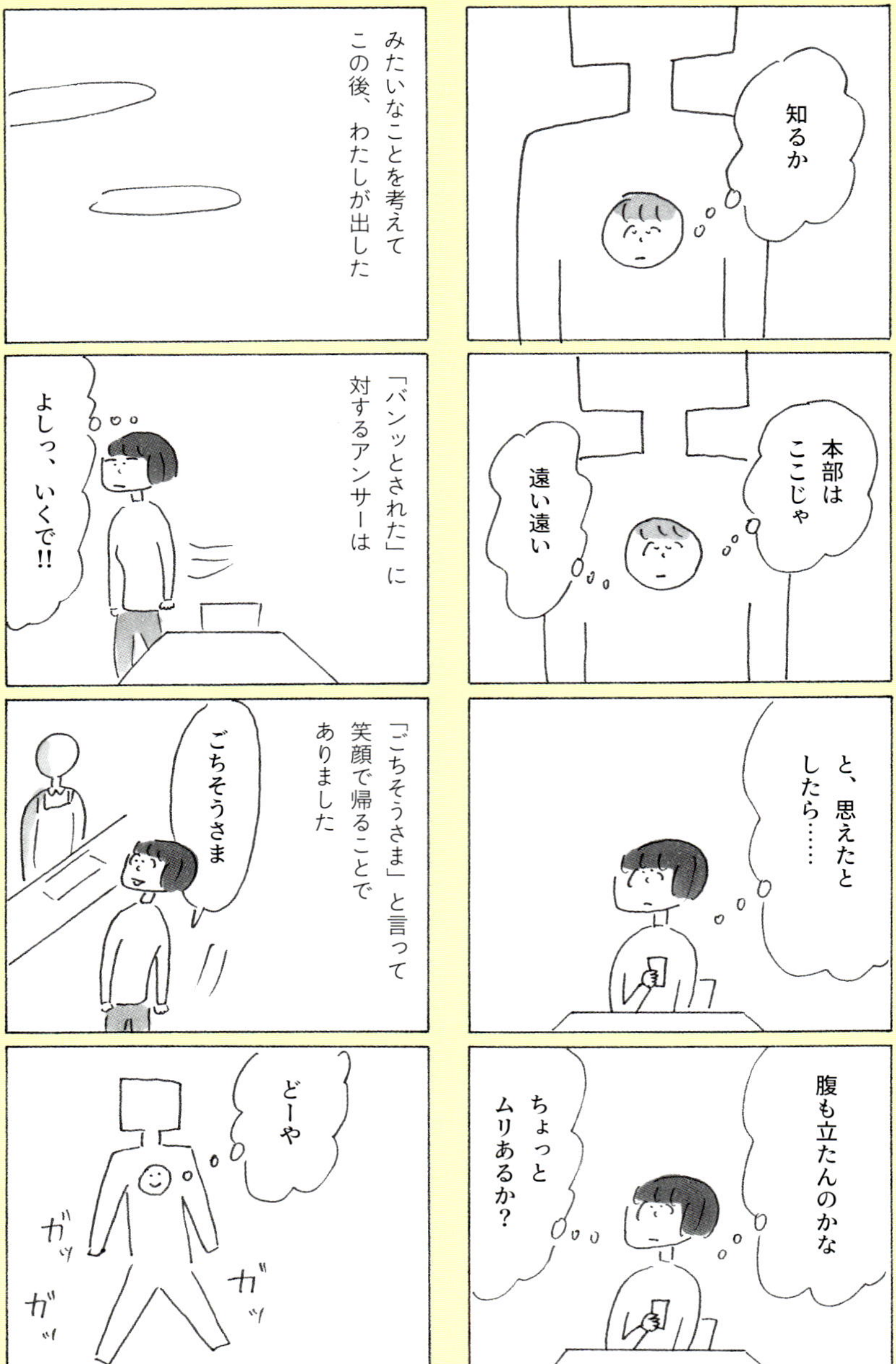

松村圭一郎

日本の最先端は周防大島にあり

（インタビュー）

特集が「三十年後」と決まってまもなく、
まずは文化人類学者の松村圭一郎さんに
話を聞こう、ということになった。
フランスで一年間の在外研究をされ、
数日後には日本に戻る頃。
こちらは三月十一日の十九時。
ストラスブールは十二時。
三十年後を考える手つきや方法論が、
文化人類学という学問の中には
あるんじゃないか、
レッスンを受けるような
気持ちではじまった。

取材日：2024年3月11日
聞き手：三島邦弘＋編集部

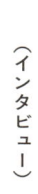

未来予想なんてできない、からはじめる

こんにちは、松村圭一郎です。

「未来を考える」といったテーマで、企業の人からもときどき依頼があるんです。先日も、観光業界の人から「五年後の旅がどうなるか教えてください」と聞かれて。占い師じゃないんで、そんなこと知りませんよ、と(笑)。

なぜ企業は未来を予測したいのか。いってみれば、これからのトレンドを先取りして、ひと儲けしたいわけですよね。とくに観光業界は、コロナで突然すべてがストップして、一年後の世界がどうなっているか、まったくわからない、とあれだけ身に染みて実感したはずなのに、もう「五年後」を予測したいと考えているのが面白いですね、という話からはじめました。

三十年後はこうなります、と学者から言われたことを、根拠も不確かなのにそうなるんだと思って受け止めるとしたら、それこそ占い師に聞くのと同じじゃないですか。たんなる未来予測としての三十年後を考えるって、けっこうあやふやだし、そんな予測はできないという前提で、まずはそこからはじめることが大事かなと思います。

そもそも「未来」って何なのか。いまの時点が一秒後には過去になって、一秒先の未来が現在になる。現在って「未来」の積み重なりなんですよね。未来は現在にどんどん繰り込まれていく。そのとき、私たちが把握できるのは、いま起こっていること、いま起こり

つつあることです。そうやって未来が現在になり、過去になる。なので、過去とは、じつは現在となった未来が蓄積されたアーカイブでもあります。

だから、三十年前からいままでに何が起きたのかを考えることが、三十年後を考えることになる。あるいは、いまは大きな動きではないけれども、社会のなかですでにこういう動きが起きていて、それが見逃せない重要な意味をもっているんじゃないか、みたいな小さな予兆を、現在のなかから取り出していく作業になる。だから予言をするのではなくて、過去と現在をしっかり見つめることが大事なんだと思います。

大きな流れをつかみ損ねるんじゃないか

なぜ「三十年後」という特集テーマになったのか、ミシマ社の人たちから話を伺いました。今年の一月一日に能登半島地震が起きて、翌日には羽田空港の滑走路で日航機と海上保安庁の航空機が衝突する事故があり、そこから一年がはじまった。ちょうどその頃、『ちゃぶ台』の特集を考えていて、この時代につくる雑誌だから、いま起きていることと関係ないことはもちろんないけれど、何かが起きたあとにそれについてすぐに意見や主張を表明するのではなく、もっと射程の長い言葉を届けるにはどうしたらいいのか、かなり時間をかけて話し合ったそうです。それで出てきた「三十年後」というテーマ。その説明を聞いて、けっこう納得感がありました。

雑誌というと、単行本よりも速報性や、時事ネタに反応して時代の流れをつかんでいくことが求められますよね。でも、目の前で起きている出来事にそのつど反応し続けていても、本当に大きな流れみたいなものをつかみ損ねるんじゃないか、という危機感があったんだと思います。

つまり、これから何が起こるかを予測するために三十年後を設定しているというより、いま目の前で起きている現実にすぐに反応するのに疲れてしまう感覚がまずあって、反応の速度を遅らせてみよう、ということですよね。時間と情報が高速で回転してその解釈や意味に即座に反応していく回転から、三十年ぐらいのスパンで物を考えたり感じたり、あえてそれぐらいの時間をかけて落ち着こうよ、というメッセージとして受けとりました。

僕自身も、どんどんいろんなニュースが流れては過ぎ去っていく時間のなかでは、ほとんど思考ができないな、という感覚があって、一年間、ヨーロッパに来たのもそういうところと関係しています。もっと長いスパンで物事を考えたいという思いがありました。

なぜフランスで在外研究を？

ヨーロッパはアフリカや中東からたくさん移民が来ていて、フランスには、エチオピアからの移民や難民について調査する目的で来ました。移民をめぐる状況は、戦争がはじまったあと、ウクライナからも何百万人単位で流入していて、これを「移民の危機」や「難民危機」という言葉でメディアが取り上げると、新たに生まれた課題のように語られるし、そう受け止められる。でも、ヨーロッパの歴史を振り返ると、地中海を越えて人がやってきたり、出ていったりって、もう何千年も前からずっと繰り返してきたことなんですね。

そういうふうに、あるニュースを見るときに、その出来事の起きた時点での事象をそのまま捉えるのではなくて、それを歴史的な文脈を含めて、人間の長い歴史から捉え返すと、メディアが提示して受け手にこう反応してほしいという枠組みや前提とは違う視点が得られるんじゃないか、という期待がありました。

あとは『くらしのアナキズム』（ミシマ社、二〇二一年）にも書いたのですが、「国家」について考えたとき、国の領域を越えて人がどんどん入り込んでくると、国民国家みたいなものが成り立たなくなっていく。そのあとに、どんな世界がやってくるのか、考えたくて。私たちはいま「国家」を前提に社会を考えているけれど、歴史的に見れば、それは最近の新しい形なわけです。じゃあこれから三十年後、百年後、そのままあたりまえであり続けるのか。ヨーロッパの現在の状況は、その先端を知る手がかりになるかも、という思いもあって、フランスにいます。

知識が体感としてわかるとき

いま生活している場所は、ストラスブールの中心から少し外側にある地域なんですけど、家の大きな窓が西側に向いていて、夕日がよく見えるんです。それで毎日、夕日が沈む場所を見ています。何やってんだって思われるかもしれないですけどね（笑）。ヨーロッパは緯度が高いので、一年を通して昼と夜の長さが大きく変わる。季節によって夕日が沈む時間も位置も、すごく変わるんです。夏だと二十二時ぐらいまで明るかったのが、冬になると十七時くらいには暗くなるし、日没の位置もまったく変わってしまう。

もちろん、知識としては知っていたことですが、それを生活のなかの実感として身体で感じると、ただの「情報」だったものが腹に落ちていく感覚があります。腹からの理解に落とし込むには、じっとその場で「生活する」ことが大事で、それが人類学のフィールドワークの意味でもあるんです。フィールドワークって一生懸命に調査ばかりしているわけではないんです。その場にいて起きることをどんどん身体に入れて溜めておくというか。

最初は夕日がきれいだなと思って、ただ見ていただけだったものが、数カ月後、半年後、「え！　いまこんなところに日が落ちてるじゃん！」みたいな変化のなかで、いろんな出来事の意味がつながっていく。いろんな文脈のなかの意味がわかっていく。

ストラスブールはクリスマス・マーケットでも有名で、クリスマスの時期は観光客が何百万人も訪れる街です。それにストラスブールのあるアルザス地方は、クリスマスツリーの発祥の地とも言われているんです。なぜ冬にクリスマスツリーを街の中心にある広場に、しかもモミの木で立てるのか。その意味も、今回、体感として理解できました。十二月になると、もう四時半くらいには暗くなってきて、街路の木々は全部葉っぱが落ちて寂しくなるんです。でも、ツリーに使われるモミの木は常緑樹で、冬でも青々としている。その葉を茂らせた木を街の中心にボーンと立てて、電飾で光らせる。

季節の変化とともに日の光が弱まり、生命の活力が衰えて街全体が暗く寂しくなっていくなかで、またここから生命が芽吹きはじめるシンボルというか、まだここに命の芽があるよっていう希望がクリスマスツリーに託されている。二十世紀初頭に人類学者のジェームズ・フレイザーが『金枝篇』という本で似たようなことを書いてはいるんですが、やっぱり一年を通してじっくりその場所に身を浸していたからこそ体感できるもので、そういうところに時間をかけてフィールドワークをする意味があるんですね。

問題の予兆は地方にあらわれる

三十年後。見た目として大きく変わらない部分と、根底にある感覚として変わってしまう部分があるように思います。変化をつかむために、どこに注目するかといったとき、最先端のテクノロジーや東京のような先進的な場所に注目するって、よくある話かもしれません。でも現時点の最先端って、ほんとうにそこなのかな、と疑問に思います。すでにもう栄えたり、流行ったりしているものは、あとは廃《すた》れていくだけでしょうし。変化の兆《きざ》しの先っぽとして私たちが捉えたいのは、そういう都市や中心とは全然違うところで起きているなにかで、おそらく『ちゃぶ台』が創刊からずっと周防大島の人たちと関係をつくって、そこを拠点に物を見ようとしているのって、直感としてこの島の現在に三十年後の世界を考えるヒントがあるんじゃないかって感じていたんだろうと思います。

三島さんが、周防大島に住む養蜂家の内田健太郎さんと話していたときに、人口減少の実態や危機感が自分たちとは全然違った、とおっしゃっていましたが、まさにそのテーマは重要だと思います。平川克美さんが、人口が減少していく社会はこれまでとはまったく違うものになるんだ、と書かれていますよね（『「移行期的混乱」以後』）。

「人口減少」は、地方で起こっている地方の問題、と捉えてしまいがちですが、それは明らかに「東京」の問題なんですよね。二〇二三年の東京の合計特殊出生率、一人の女性が

生涯に生むとされる子どもの数は、〇・九九。周防大島がある山口県は一・四〇。山口では子どもが生まれているのに人口は減っていて、逆に子どもが生まれにくい東京では人口が増えている。なぜ周防大島で人が減るのかというと、せっかく島で子どもが生まれ育っても、東京や首都圏、都市部に若い人たちが流出してしまうからです。つまり、人口減少の問題の原因は都市部にあり、でもその減少の影響が先行してあらわれるのは地方、という構図なんです。

東京が最先端で、新しい変化を生み出しているわけではない。東京はむしろ現状の社会を維持するために、どんどん地方から人やリソースを吸い取りながら延命している。その延命のために若い人を奪われた周縁部から問題が先に顕在化してしまう。人口減少という一つの問題をとっても、問題の予兆は地方に先にあらわれていて、むしろ地方こそが最先端なんです。

地方で人口が減り、子どもの数も減っていく。そうなるとやがて東京も高齢化して、人口が減少しはじめる。だから人口減少の影響は都市部にも遅れてやってきます。

たとえば、周防大島で起きている小学校の統廃合は、岡山でもそうだし、ほかの瀬戸内の島でも、あっという間に小学校が消えていっていますよね。小学校が消えると、地域の運動会がなくなったり、地域の人が集まる機会が失われたりして、コミュニティを維持していくのが難しくなる。地方がどうやってその状況を乗り越えるかは、じつは東京とか都市部の人にとっての先例になると思います。やがては東京の人たちも地方が取り組んだ試みから学ばなければならないときがくる。

ヨーロッパには移民がどんどん流入していると先ほども話しましたが、実際たくさん人が来ています。でも、イタリアの南部・カラブリア州に行って話を聞くと、移民は来ているんだけど、じつは地域から出ていく人の数のほうが多いそうです。若者が都市部にどんどん流出するので、移民が来てくれるのはむしろありがたい、と。山奥の村は高齢化しているし、介護を担う人材がいないので、アフリカから来た移民がケアワーカーとして働いていたりする。でも、移民でアフリカから来た人たちも、若い人はとくに、イタリアの山奥の田舎には希望をもてず、結局いなくなってしまうことが多くて定着しない。

だから、移民の流入が問題化している側面は、ミラノやフランクフルト、パリのような都市部では確かにあるけども、全体として見ればヨーロッパだって少子高齢化で人口が減って労働力が足りない状況にある。たんに「移民の流入」の数だけを切り取ると危機感を煽《あお》る言説になってしまうのですが、もう少し大きな文脈で捉えると、むしろ人口が減っていくなかで外国から来る人と、どういうふうにこれから社会をつくっていくか、という発想をしていく必要もあるのかなと思います。

周防大島から考える

人口が減り続ける状況では、これまでのインフラが維持できなくなるとか、自治体はどうやっていくかとか、子どもの教育をどうするか、高齢者のケアをどうするかなど、たくさん問題が噴出します。それらは、おそらく三十年後には首都圏も含めた全国で大きな社会問題になっている。これから周防大島がこうした問題にどう対処していくかが、先進的な事例として参照されるかもしれないですよね。

仕事に関して言えば、もう一人が一つの職業という時代ではなくなっていく。農家をやりながらも、新聞配りもしなきゃいけないし、高齢者のケアも、地域の消防団もやらなきゃいけないし、学校の役員やPTAも、全部マルチにやっていくみたいな。本をつくる人だったら、本をただ出版すればいいだけではなくなる。江戸時代に、いろんな細かい仕事を、みんなそれぞれがやっていたとか、百姓って農業だけでなくて、文字通り、いろんな複数の生業《なりわい》をやっていた、なんてこととつながるけど、副業があたりまえになる時代になりそうですよね。

周防大島にとって参照できる先例が、日本社会のどこかにあるというよりも、周防大島が日本全体にとっての先例になる。最先端だからこそ答えがないし、そこでのいろんな試行錯誤がこれから三十年後を考える一つのヒントになる。

では、いま周防大島で暮らす人にとってどこが参照点になるのかというと、おそらく島が経験してきた過去の歴史にあるのではないかと思います。

たとえば周防大島は、ずっと南米やハワイなどに、海外移民を送り出していた島ですよね。その背景には、歴史的に人口が増えて食料や土地が不足していく状況があったのかもしれない。そういう状況のなかで人が海外に出ていくとなったとき、この地域で何が起こったのか、そういうところにもしかしたら何かヒントがあるかもしれない。

あるいは、いまは小学校がある、PTAがある、運動会がある、インフラが整っている、というのは、かつてはなかったものができて、いまの状況になったんですよね。そもそも昔はそこまでたくさん小学校もなかったはずです。だからじつは、これから元に戻っていく、とも言える。それであれば、いろんなことを元のやり方に戻していく可能性も考えられるんだろうと思います。

人口減少の「危機」が語られていますが、一方で戦後日本の人口が一億を突破するときには、この日本の狭い国土で人口が一億を突破してしまうことが「危機」として問題視されていました。でもいまはこのペースで人口が減少していくと、百年後には江戸時代ぐらいに戻るんじゃないか、なんて言われています。であれば、当時の社会システムやコミュニティの単位はどうだったのか、どういう社会をつくっていたのか、過去に遡って、じつは自分たちが通ってきた道をたどり直して、元のあり方を取り戻していくことになるのかもしれません。

数十年後の準備として今を書く

フランスにいる間、『群像』に「海をこえて」という連載をしていて、いまも続けています。僕がはじめてエチオピアを訪れたのが一九九八年で、それから十年後の二〇〇八年にエチオピアの村を訪れたとき、村の女性たちが急に海外出稼ぎに行きはじめた状況があって、女性たちがなぜ海をこえていったのか、そういうことを考えて書いています。

もともとは、担当の編集者から、フランス滞在中の話を書いてくださいって言われていたんですが、でも書けないんです。それはやっぱり、先ほどお話ししたように、時間をかけて日が落ちる位置やクリスマスにモミの木を飾る理由が実感としてわかっていく話と同じで、目の前の出来事や経験が何を意味しているのか、発酵していく時間が必要なんですね。だから今回、編集者の要望に応えられずに、一方でテレビなどから流れてくるリアルタイムの移民のニュースを見たり、移民としてやってきた人の話を聞いたりして、それらの情報を身体に流し込みながらも、これまで記録してきた十五年前からのフィールドノートや映像を見返す作業をずっとやりながら書いています。

実際にあったことや、過去に彼女たちが言ったこと、それが十年くらい経って、いろんなその後に見聞きした出来事と結びついて、やっと自分のなかで料理して外に出せる、みたいな感覚があるんです。なので、いまの時点で起きることは、この先いずれ起こる出来事との化学反応を待っている状態なんだと思います。言いかえれば、現在の出来事は数十年経たないと、その意味が確定しない。だから言い訳ではないんですが、いまリアルタイムで起きていることを本当にすぐには書けないんです。自分は紀行作家にはなれないな、と今回すごく実感しました。
現在に起きていることを感じ取りたくて、その場にいて書きとめているのですが、それが本当に何につながるのか、未来に何が起きるのか、まだわからない。だからメモをとったり、記録を残したりしていくのは、数十年後に何かが見えてくるための準備、と言えるかもしれません。つまり、すぐに答えを探し求めすぎない姿勢が「三十年後」を考えることにつながるんだと思います。

松村圭一郎（まつむら・けいいちろう）
一九七五年熊本生まれ。岡山大学文学部准教授。専門は文化人類学。所有と分配、海外出稼ぎ、市場と国家の関係などについて研究。著書に『うしろめたさの人類学』『くらしのアナキズム』『小さき者たちの』（以上、ミシマ社）、『旋回する人類学』（講談社）、『所有と分配の人類学　エチオピア農村社会から私的所有を問う』（ちくま学芸文庫）、『人類学者のレンズ「危機」の時代を読み解く』（西日本新聞社）など多数。

特集

（書き下ろし6本！）

特集は「三十年後」です。
これだけをお伝えして、
6人の方々に書いていただいた
6本のエッセイです。

万城目 学
土井善晴
佐藤ゆき乃
上田 誠
白川密成
猪瀬浩平

（エッセイ）

来たるべき時代

万城目 学

ふと気がついたことがある。

それはざっと千年前から本邦の歴史をたどった際、常に「〇〇時代」という歴史的区分が存在し、平安時代、鎌倉時代、室町時代、安土桃山時代、江戸時代、明治時代、大正時代——と現在に至るまで綿々と連なっているわけだが、不思議かな、昭和時代とは言わない。

昭和のスタートは一九二六年。

一九二五年を大正時代と呼ぶことは一般的でも、一九二六年を昭和時代とは呼ばない。

そろそろ、昭和という時間が存在したタイミングから百年が経とうとしているのに。

私は昭和五十一年生まれだ。

おそらく幼稚園に通っていた時点で、すでに大正時代と明治時代という単語を耳にしていた。つまり、ひとつ前の元号に「時代」をつけて呼んでいた。

また、私の祖父母は明治生まれ、大正生まれだったが、彼ら自身、何の違和感も表明することなく「明治時代」「大正時代」というフレーズを口にしていたように記憶する。

私が幼稚園児だった頃から振り返ったとき、大正時代は五十五年前くらい。

今から五十五年前は当然、昭和だ。すなわち、本来なら「昭和時代」というフレーズを使ってもおかしくない歳月が経過しているにもかかわらず、誰も使っていない。ただ「昭和」とだけ呼ぶのが、いまだ圧倒的多数だ。

なぜなのか？

昭和が持つ、「時代」を尻にくっつけて語られることを頑《かたく》なに拒《こば》む、この謎の意固地さはどこから来るのか？

もはや平成を終え、世は令和だ。

たった十五年しか続かなかったニッチな期間ですら、大正時代と呼ぶのに、六十四年も続いた昭和はなぜ「時代」と抱き合わせになるのを、こうも嫌うのか。これではまるで、そろそろ齢《よわい》百にならんとするのに、いつまでも平成くんや、令和ちゃんといっしょに、若者扱いをされたがる滑稽《こっけい》な老人のようではないか。

なるほど、問題はスタートの時期ではなく、終了の時期にあるのかもしれない。

確かに、これは説得力のある視点で、私が生まれた時点で、大正が終了してからすでに五十一年が経っていた。翻《ひるがえ》って現在、昭和が終了してから五十一年が経っているか？　答えはもちろんＮＯだ。一九八九年に昭和が終了し、まだ三十五年しか経過していない。

つまり、昭和が始まった時期自体は近代史の対象にじゅうぶん含まれる昔であっても、終わりの時期が存外最近ゆえ、「時代」を後ろに引き連れるにはまだ早い――、そんな理屈も通りそうだ。

ならば、三十年後。

答えは明確に出ているだろう。

少なくとも昭和五十一年前後の時点で、「大正時代」という呼び方はポピュラーだった。現在から三十年後はすなわち、昭和が終わって六十五年後になる。いい加減、「昭和時代」が人口に膾炙《かいしゃ》していなければ、今度こそ理屈が合わない。

ということで、三十年後をイメージしてみる。

使って……いなさそうな気がする。

これからどこかのタイミングで、何事もなかったかのように「昭和時代」なる単語が、日常のボキャブラリーにスッと紛《まぎ》れこんでくる、という状況がイマイチ想像できない。

しかし、いつの日か必ず明治時代、大正時代という区分の後ろに、昭和時代、平成時代、令和時代という言葉が並ぶときが訪れるはずだ。

もっとも長期的視点から見たとき、これら元号の後ろに時代をつけるパターンが今後もずっと継続するかと言えば、あやしい。なぜならば、飛鳥時代、奈良時代、平安時代、鎌倉時代、室町時代、江戸時代——、どの時代も頭に掲げられた二文字は、元号ではなく日本の政治の中心があった場所を伝えているからだ。明治以降の「元号＋時代」の呼び方は、それまでのルールとは明確に異なるのである。

明治維新後、江戸が東京に改名されたことで、それ以前の二百七十年間ほどがまるっと江戸時代に集約されてしまったように、たとえば今後、大災害が起きるなど、とてつもない規模の社会情勢の変化が発生し、日本の首都が東京から別の場所に移る、もしくは東京が別の名前に変わってしまうことで、明治維新以降、日本が近代化に邁進《まいしん》した期間はすべて「東京時代」として回収される——、なんて未来が訪れるかもしれない。

*

ときは経て、五百年後。

とある学校の教室で、少年が退屈そうに教科書に向かっている。

フィルム型タブレットになったり、メガネ式ディスプレイになったり、様々な媒体の変遷を経たが、

「結局、これが費用の面からも、耐久度の観点からも、いちばん効率がいい」

ということで、いまだ紙の教科書がスタンダードだ。もちろん、タブレットやウェアラブル端末の使用も選択可能だが、少年は退屈なときにページの隅《すみ》にパラパラマンガを作るのが趣味なので、紙の教科書を使っている。

教室にはオンラインで受講する者、リアルに席に座る者、半々といったところ。教師もオンラインでの参加だから、今日はパラパラマンガ作りがはかどる。

少年は犬が走る姿を描いている。

犬種は柴犬。少年は柴犬を実際には見たことがないが、図鑑に載っていた、利発そうでいていつも笑っているような顔つきに一目ぼれし、今度の誕生日に子犬をプレゼントしてもらう約束を両親から取りつけた。誕生日は三カ月後なので、取り寄せられた遺伝情報を元に、そろそろセンターでクローンが作り始められる頃だ。

そう言えば、柴犬は「日本」の犬だったな、とマンガを描く手を止め、少年は「歴史」を教える教科書から「日本」についての記述を探した。

「国家時代」

すなわち、古代メソポタミアから始まる各地域に独立した国家が存在した時代についての記述が教科書の前半を占めるわけだが、そのどこかに「日本」についての記述があったような――。

それにしても「国家時代」というのは、あちこちに独立した国があって、それぞれについていちいち覚えることがあって、本当に面倒だ。だから、「歴史」を選択する生徒がほとんどいないんだよ、と心でぼやきつつ、ページをめくる。

あった、と少年は手を止めた。

それは記述というより、写真による紹介だった。

満員電車に白いシャツを着た男たちがぎゅうぎゅうに詰めこまれている――。

人間が勤務先に向かうため、物理的に移動するしかなかった時代を、悲劇というより、むしろ喜劇として捉える、誰もが一度は教科書で目にする、非常に有名な一枚だ。キャプションには、

「朝の風景、日本、一九八四」

教科書に「日本」という単語が登場するのはこの一カ所のみ。少年は自分の記憶力の確かさを褒めつつ、五百年を経て今に残る、唯一の「昭和」の痕跡から柴犬のルーツを想像してみるが、どうにもイメージが膨らまず、ほどなくパラパラマンガ作りに戻っていった。

万城目学（**まきめ・まなぶ**）
一九七六年生まれ、大阪府出身。京都大学法学部卒。二〇〇六年、『鴨川ホルモー』（第四回ボイルドエッグズ新人賞受賞）でデビュー。二〇二四年、『八月の御所グラウンド』にて第一七〇回直木賞受賞。ほか小説に『プリンセス・トヨトミ』『偉大なる、しゅららぼん』『ヒトコブラクダ層戦争』『六月のぶりぶりぎっちょう』など多数。二〇一三年にミシマ社から発刊したエッセイ『ザ・万字固め』は、二〇二五年一月に増補版を刊行予定。

（随筆）

私たちの「私」を知る　土井善晴

青空を見上げる

三十年後!?　はっきり言ってそんなもんわからないと言ってみた。わからないから書けない、いやそうではない。未来を考えたくない。だからその問いの返答として何を書くかで苦しんだ。未来を考えることは、現代社会においては苦しみだ。未来が怖い、よくわからないが不安だ。若い人に共感する。何をすればいいかわからない。何もできない。

　たいへんだ、現状を知りなさいと、現代の問題をとりあげたベストセラーの本の帯に、「これは貴重な記録だ」と他人事のように書いてある、いやこれが現実でしょ。ほんま何言うてんねん。ちゃんと地球に参加しろ。少しは現実を考えろ。どこにいるねん。

　若い人たちに、自分で考えなさいって、やりたいことをやりなさいって、その立場にスイッチすれば、自分だってできないことを人に言うな。何にも言えない。黙って、知らんぷりという表現。大人もいっしょに苦しめばいい。そうすれば少しはましになる。成功者と言われる大人が好きなことをやってきた結果が、このざまだ。信じられるもの、何ひとつなくなった。

ここにいる。青空を見上げる。夕日を見る。地球は生きている。逃げるな。そうすれば強くなる。自分だけ強くなってもしかたないって。いや、自分は人に支えられている。少し強くなる、すでにだれかを少し守っている。強くなったふりしかできないよ。君が我慢していることはよく知っている。苦しみを分配する、心配。君の心が私に苦しい。

未来、すでに、今萌す

人間が人間の未来をつくるというのは、希望か、妄想か。生成ＡＩの能力は、人間の一万倍になるという。

私たちはもともと、物に寄り添う、物を愛する。愛する物を抱いて眠る。物は嘘をつきませんから。物を信じる。嘘をつかない動物が好きだ。子どもが好きだ、自然が好きだ。嘘をつかないロボットが好きだ。ロボットは裏切らない。

ところが人間は進化した。あったらいいなぁと思うものは何でも手に入れた。何でも作っては破壊した。人間の価値ある創造は、大昔にすでに終わっていた。物をいっぱい作って、魂は劣化し、心は退化した。魂は純粋で生まれるのに、純粋を失った魂に成長はない。だから魂はちっとも進化してこなかった。物は時間さえ奪った。嘘をつく物、いらない物。

教育とは、人を思いやるイマジネーションを育てること。小林秀雄が言っていた。岡潔《おかきよし》が言っていた。養老孟司《ようろうたけし》が言っていた。大人になるとは人の気持ちがわかることだと、だれでも知っていた。

過去から今は生まれた。未来、すでに、今萌《きざ》す。今を生きていく。その積み重ねが未来。今を語るには、過去が必須で、未来を考えるには、今が必要だ。

いやそれ以前に、そもそも私たちは、「私」がわからないと山本七平に指摘されている。だから私たちは負け続けるのだと言う（『日本はなぜ敗れるのか』角川ｏｎｅテーマ21）。「私」がわからなければ、他者はわからない。ましてや、よその国の人々の本音などわかるはずがない。そらそうだと思うが、「私」がわからないために起こる身近なこととの集積が、大きな過ちを導いて国を滅ぼすという結末を知ると、ショックを受ける。

「私」と「文化」

なぜわからないのかを考えていた。この頃の学生、教室で二人で作業をうまくやっていたから、仲がいいのかと思っていると、教室の外に出ると別々の方向に歩いて行く。たぶん、それぞれの次の行き先、教室が違うのだろう、でも名残《なごり》を惜しまない。教室で私と親しくなった（私の独りよがりかもしれないが）学生と通学路で会っても、挨拶どころか目も合わせてもらえないことも多い。そんなんあたりまえやん、街中で上司と会ったらちょっと隠れたくなることもあるでしょ。そらそうだと思う。

ただ、彼らには線というつながりがなくて、点で、その場その場の都合で、他者と付き合っているように感じる。だから、どうしろ、なんてことは言えない。彼らはすでに自分のやり方で生きている。

どうして「私」がわからないのだろうか。山本七平の言を読んで……料理とつなげて考える習慣のある私は……それはそれぞれの人がもっているであろう「文化」の問題じゃないかと考える。

大学の授業で和食文化を説明するのに、日本文化のよき理解者と信じるフランスの食文化と比較しながら授業を進めた。和食文化は「何もしないことを最善とする」が、フランスでは「手を加えることで初めて価値のある料理になる」。つまり、前者はつつましく無署名、後者の署名はオリジナルを主張するクリエーション。SNSの匿名性の高さに表れる「私」の消失、この国では、どうも「私」では生きにくい、そもそも「私」などない。

和食には「混ぜる」という調理法はなく、「和《あ》える」。和食では、一つの食材を尊重する。日本をよく知るフランス人は「混ぜる」を「mélanger（英：to mix)」、「和える」は「harmonie（英：harmony)」と訳す。

それは自然との接し方の違いで、前者は人間中心、後者は自然中心の思想だ。文化は気候風土という環境に生まれた。日本は、雨が多くて温暖で、生物多様性が豊かである。自然の再生力は著しい。フランスの植物の固有種は、日本と比較すると桁数が一つ違うほど少ないとも言われる。

文化とは生きていく動詞である

食文化の授業では、あたりまえに知っているべきことを伝えることになる。三十年ほど前なら、だれでも、文化の意味を知っていたから、文化の学びは不要だった。あたりまえを、あたりまえのことと気にかけないでいたら、あたりまえはなくなった。あたりまえの文化の学び直しが必要になった。

文化の本質は、祭り事ではない。文化が伝統に固定化された結果としてのふるまいを理解することは、祭り事の収集にはなっても、哲学には至らない。伝統は権力になって独占され、高い壁を作る努力を惜しまず、庶民の暮らしと断絶した。伝統の祭りのふるまいはさほど重要ではない。料理の味つけはさほど重要ではないと言ったでしょう（『味つけはせんでぇえんです』ミシマ社、参照）。

文化とは生きていく動詞である。料理はするもの、文化もするもの。文化はすることで、初めて暮らしの役に立つ。動詞である文化を言語化して、初めて伝えられる。たとえば、日本だけが箸をお膳に横に置くのはなぜか？　なぜ、箸といっしょに伝来した匙《さじ》を捨てたのか？

文化する環境において、人間はその国の人らしくなっていく。文化は規制し、制御する。文化から善悪などあらゆる基準は生まれる。基準がなければ、自分で何も判断できない。カンのよい人がいる。カンが悪いと、あかんやん。なぜカンがよいのか？　その直感をどこで身につけたんですか？

つまり、今や文化の使命は、常識を超えて、自分で判断する能力を育成することにある。今、文化の学び直しの目的は、自ら感じとり、気づくことにある。気づきの正解は説明できない。でもそうにちがいない。

正解を価値づけたのは化学。化学は時間を考慮しない。本来、変化するときの後先の関係に情緒が生まれる。情緒は計量できないから無視するというのが、化学の限界。科学とは、未知の世界を、「どうしてかなぁ」と考え続ける科学者の態度の動詞。だから化学と科学は違うもの。

それを区別せず一緒くたにしている人が多い。化学的でないと頭ごなしに否定して、「スピリチュアル」と言って馬鹿にするのはすでに時代遅れな態度だと言うと、怒り出すのはなぜか？アメリカの宇宙食の安全確保のための衛生管理技術、ＨＡＣＣＰ《ハサップ》よりも、日本の浄不浄の区別による衛生観念のほうがはるかに優れている。なぜか？

文化的な考え方を身につけることは、経験の少ない人にはむずかしい。そして、今、文化は思想になった。

肝心要の思想がない

私はパワーポイントを使って、多くの図や写真を示しながら授業を進めていた。学生はその写真を眺めながら、それなりに理解しているように思った。授業後のリアクションペーパーを読んでも、おもしろがってくれているし、何もむずかしいことを言っているのではないから、ある程度伝わったと思っていた。

でも、勘違いして理解している学生も多かった。だから、常に振り返り、復習しながら、繰り返し、裁縫のかえし縫いのようなやり方で授業を進めていた。前期の授業一五回が終わって、大きなお題を出して作文試験をすると、多くのことは伝わったとは思えなかった。結局「肝心《かんじん》要《かなめ》」がないと何も残らないと思った。

「文化」を学ぶ以前の自分の意見に戻ってしまう者もいた。授業の内容は何も頭に残っていないんじゃないかと落ち込んだ。なぜ伝わらないのか。一人の親しい学生に卒業前「先生の授業はおじいちゃんの話を聞いているような感じだった」と追い打ちをかけられて、落ち込んだ。正解を求めない、正解のない話の理解はかなりむずかしい。

日本文化とフランス文化を比較することで興味深く、わかりやすくなるかと思ったのだが、そうじゃない。比較論とは、どちらか一方の文化を知っていれば成立するが、どちらも知らない人にとって、二つの真逆の思想は交錯《こうさく》して絡まるだけなんだ。肝心要の思想がない。

風土と歴史に生まれた文化は、経験が積み重ねられることで、身につく。身についた文化という思想は、汎用性が高く、あらゆる場面に、さまざまな形に応用され、美しいものを生む。「情緒を形に現すという働きが大自然にはあるらしい。文化はその現れ」（『人間の建設』小林秀雄との共著、新潮文庫）。さすがに岡潔はすごいことを言う。だから、文化を失えば情緒は弱まる。今がそのピークにある。

二つの国の文化はそれぞれ違うが、私たちは、「私」を知らない。私たちは、明治維新と敗戦で、日本を二度否定し、西洋に憧れて肉を食い、日本を捨てようと試みた。そして今、三度目、日本を捨てようとしているようだ。私たちの「私」のわからなさは、一人の人間の中にある矛盾。西洋人になろうとする私たちと、日本を忘れた日本人の私の二身《ふたみ》の人間。その指摘は、古くからなされていた。

季節を楽しむとは？

私たちの生活にはケハレという区別があった。民俗学者の柳田國男が見出した日本人の世界観である。ケハレの解釈は、オンとオフとも、日常と非日常とも、仕事と祭りとも言える。

世界中の民族には祭りがある。祭りにはふさわしい食べ物がある。祭りの日でもないのにご馳走を食べていたら、「きょうはクリスマスなの？」と皮肉を言われることになる。ただ西洋には、祭りだけがあって、ケハレを区別するものはない。

日本では、ケハレは祭りと日常を区別するだけでなく、日常の中にもハレがあると捉える。だから、ケハレという概念が必要になった。日本では、その厄介な区別を、あたりまえにできたのはなぜか？　それには答えておきたい。私たちの暮らしは天から降りてきたとしか考えようがない、と言っておく。それなのに、ケハレを認識できなくなった今の日本の生活。「日本には季節がある」って誇る人があるけど、極地にだって季節はある。じゃあ、日本人が言っている季節とは何なのだ。日本人の季節は、はしり、さかり、なごりに区別する。季節と生態学を重ね、同じ野菜や魚でも、別物のように味わうことがおもしろい。

フランスやスイス、イタリアでは、春の楽しみとしてホワイトアスパラガスをみんなが食べる。それを真似て、日本のイタリアンでもフレンチでも、飛行機に乗って来たホワイトアスパラガスが用意されている。そんな私たちは、どれだけ春を楽しんでいるのか。どれだけ夏を楽しんでいるのか。「季節がある」と言いながら、それを楽しむ術《すべ》を失っている。本をいくら読んだからって、わからないことのほうが多い。

シジュウカラの言葉を発見した動物言語学者の鈴木俊貴《としたか》さんと、バードウォッチングに出かけた。まだ浅い春に、こんなに多くの種類の鳥がいるのかと驚いた。知るまで、私は鳥を見ていなかった。それから、鳥が見えるようになった。鳥を見るとうれしくなった。鳥がそばに来てくれるのかなと思うと楽しくなった。私はたった二時間ほど彼と一緒に公園を歩いただけなのに、心豊かになっていた。

すでに時代の景色は変わっている

若い人に、三十年後の今を聞いてみた。ちょうど私の今の年齢くらいになるそうだ。そこで気づいた。三十年後、私はたぶん死んでいる。

桂二葉《かつらによう》さんという大好きな女性の落語家さん。若くて綺麗で、めちゃくちゃうまい、いつも笑わしてもろて、彼女の落語を聞くと元気になる。いつも稽古熱心で、このままいけばどうなるのか、ずっと観ていたい。

「二葉さんがおばあさんになりはったときの落

語が聞いてみたい」って、彼女に話したとき、そういえば何も言わず黙っていた理由がわかった。彼女がおばあさんになるのは四十年から先のことやんか。

三十年後のことなんかどうでもいいとは思わない。すべての生命は「子孫繁栄」、命をつながなあかん。そのために生きている。そういう意味では、自分のことより大事なものがある。子どもの幸せを望む。若い人を無条件で応援したい。子どもの幸福こそ、親の幸福だ。

ほとんどの人が、地球の未来の心配もせず、仕事や勉学に励んでいるのはなぜか？　知らなくとも、世間は回っているからだ。しかし、何も知らずに常識に委《ゆだ》ねていれば安心だった時代は、終わった。私たちは分水嶺《ぶんすいれい》を超え、すでに時代の景色は変わっている。知らないではすまない。子どもたちのために、基準を取り戻せ。基準はどこにあるのか。文化という思想にある。思想というとむずかしいように聞こえるが、考え方のことである。

分かれ道に、考え方があれば、西洋と日本の思想やその手法を選ぶことができ、どちらにいくべきかを知ることができるだろう。今日どこへいこうか、今日は何を着ていこうか、その理由を説明できるだろう。このお茶碗が好きだ。自分で好きなものを選べるだろう。

自分の好きなものの中には、必ず自分がいる。私たちの「私」を知ることで、三十年後の今はあると思う。しかも今よりずっとよくなっていると信じる。

土井善晴（どい・よしはる）
一九五七年大阪府生まれ。料理研究家。料理とは何か・人間はなぜ料理をするのか・人間とは何かを考える「食事学」「料理学」を広く指導。二〇二三年十月にミシマ社から、『ちゃぶ台』（六～一一号）の連載を元にした書籍『味つけはせんでええんです』を上梓。中島岳志との共著『料理と利他』『ええかげん論』も大好評。

（エッセイ）

永眠のためのアイスクリーム

佐藤ゆき乃

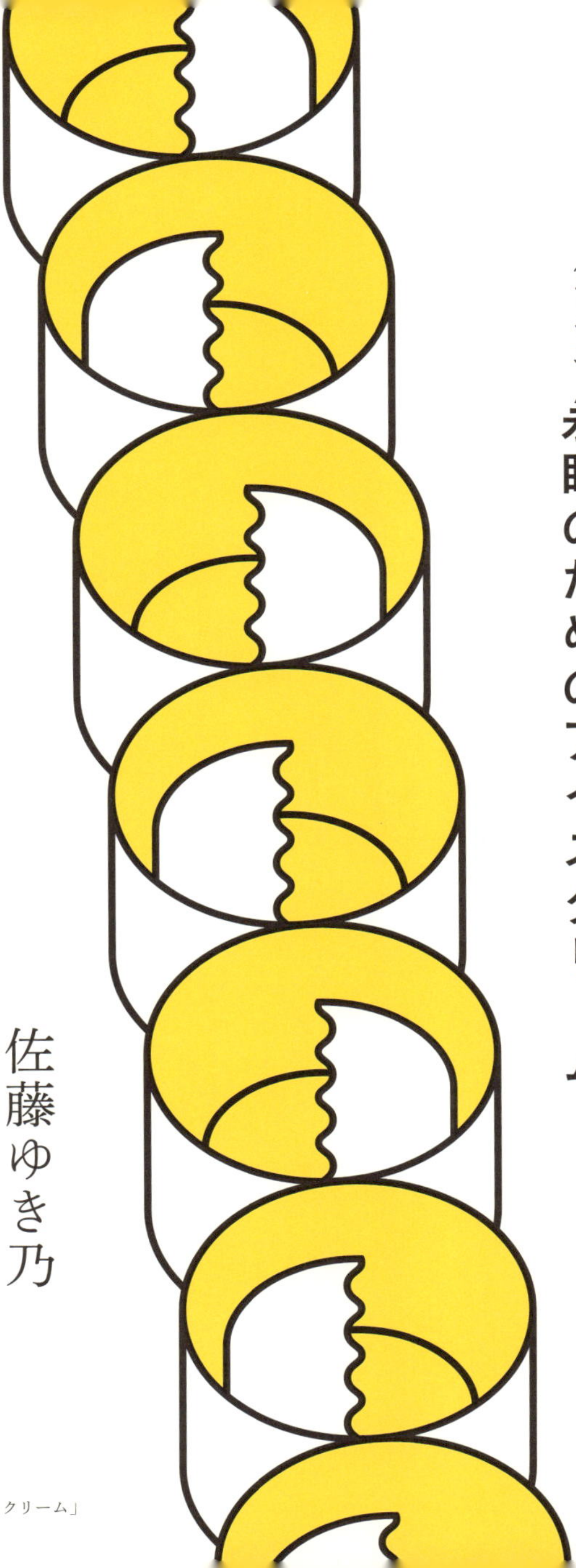

「二十五まで生きるの。そして死ぬの」

このせりふがすごく好きだった。

村上春樹の『羊をめぐる冒険』をはじめて読んだのは二十一歳のときで、物語の冒頭に登場する女の子がそう言い放ったことに、とても感激した。自分もそうすればいいんだ、と目から鱗《うろこ》が落ちるようにひらめいて、にわかに嬉しくなった。

それからずっと、なにかあるたびに、「でも、二十五で死ぬから」と思うようにした。もうすぐ終わるから大丈夫。すると、日常といつも不可分だったあらゆる不安がたちどころに消え、楽になった。

ところが、あと数日で、その二十五歳も終わってしまう。

あーあ、死なななかったな、終わりにできなかったな、と残念なそぶりの裏で、内心はどこか安心している。

私はあの本に出てくる女の子ではない。解放されたんだ、と思うとほっとして、久々に、『羊をめぐる冒険』を読み返すことができた。

そして、ようやく勘違いに気づく。本文によると、あの子が死んだのは、実は「二十六」。どうしよう。またしても揺らぎの谷底に落ちる。あと一年ある。これからも迷いつづけなければならない。自分はどうすればいいのか。

ここで終われば、きっと綺麗《きれい》だろう。毎日うっすらそう思う。心身ともに若いまま、「夢を叶えられるかもしれなかった人」として幕を引いてしまいたい。もう未来を怖がらなくてよくなりたい。

二十六歳になるのに、まだそんなことを言っている。私って、いつまで未熟な女の子でいるつもりなんだろう。

子どものころ、家の冷凍庫に、もう何年前のものかもわからない食べかけのアイスクリームがあった。あまりに古いので、食べたらきっと、大変なことになるだろうなと予想していた。

だから、食べた。昔からそういう性格だった。

ところが、拍子抜けするほどおいしかったのだ。調べてみると、アイスクリームにはそもそも、消費期限がないとのこと。知らなかった。結局なにも起こらなくて、すごくがっかりした。翌日も普通に学校へ行った。

これを食べたら、あのおでかけが終わったら。あるいは、受験に合格したら、二十五になったら。そして今度は、二十六のうちには。

ことあるごとにきっかけを定めて、都度、これで終わるかも、とふんわり期待するくせに、いつも何事もなく通過してしまう。結局はちゃんと年齢を重ねて、人生を前に進めようとあれこれする。ずっと矛盾している。

この四月から上京した。慣れない東京での暮らしの中で、もっとも恐れているのは、小田急線が遅延すること。

先日、仕事の帰りに乗っていた電車が急に止まった。数駅離れたところで、人身事故が起きたらしい。はじめての経験だったので驚いたし、すごくショックだった。四月初旬の月曜の夜、線路に落ちた人のことを考える。痛かっただろうなあ。やっぱり、アイスクリームなんかで死ねるはずがない。そんな甘いわけがない、当然。電車はすごく長い時間動かなかった。

それ以来、毎朝、起きるとまず、人が死んでいないか確認している。自分が遅刻しないために。すごくなまぐさいルーティン。ナイーブな女の子を装って、私は本当は、ちゃんとしたたかで利己的な大人になれていると思う。

二十五歳。折り返したら五十歳、さらにプラス五年で、ようやく三十年後。そんな遥か遠くの未来にいる自分のことなど、ほんの少しも想像がつかない。現在地からはなにも見えない。

せめて、明日のことがわかればいいのに。朝の電車は遅延しないか、仕事で間抜けなミスをしないか、誰にも怒られず、無傷で帰ってこられるか。翌日を見通せないだけで、こんなにも不安になる。だからいつも、どうしても、絶対的な終わりをほんのり望んでしまう。

春の慌ただしさに負けて、熱が出た。カップのバニラアイスを買ってきて半分だけ食べ、残りは冷凍庫に入れた。

アイスクリームは眠りつづける。理論上は永遠に。期限がない、ということは、すごく空恐ろしいことに感じる。同時に、ロマンチックだとも思う。現実への恐怖心と、メルヘンへのあこがれが、同じ体の中でぐちゃぐちゃにもつれ合うからしんどい。

はたして三十年後、残した分のアイスを食べることはできるのだろうか。さすがに不健康かもしれないが、それでも死には至らないだろう。

永眠のためのアイスクリーム、そんな夢のようなものは存在しない。残念ながら。だから、そのほかの救済を探しながら暮らしている。

毒を飲むかわりに、本を読む。どうせ無に帰す期日を設けて、それまでは生きることにする。約束して、破って、それでもまた、こりずに次の約束を考える。不誠実で矛盾だらけの自分にうんざりしても、ほどほどに諦めて、上手に許されながら、押し流されるように翌日へ向かう。

朝、冷凍庫を開けて、作り置きのおかずを選んで解凍し、弁当箱に詰める。とりあえず今日の昼までは生きる。約束。繰り返し何度でも。

そうやって、案外すんなりと、三十年後にたどり着けそうな気もしている。

佐藤ゆき乃（さとう・ゆきの）
一九九八年岩手県生まれ。立命館大学文学部卒業。第三回京都文学賞一般部門最優秀賞を受賞し、二〇二三年にデビュー作となる小説『ビボう六』（ちいさいミシマ社）を上梓。小説「ながれる」で岩手・宮城・福島ＭＩＲＡＩ文学賞２０２２を受賞。ウェブ雑誌「みんなのミシマガジン」で「一晩でなんとかなりすぎる」連載中。

劇団と劇の残しかた

時をかけるか、劇団

（エッセイ）

上田誠

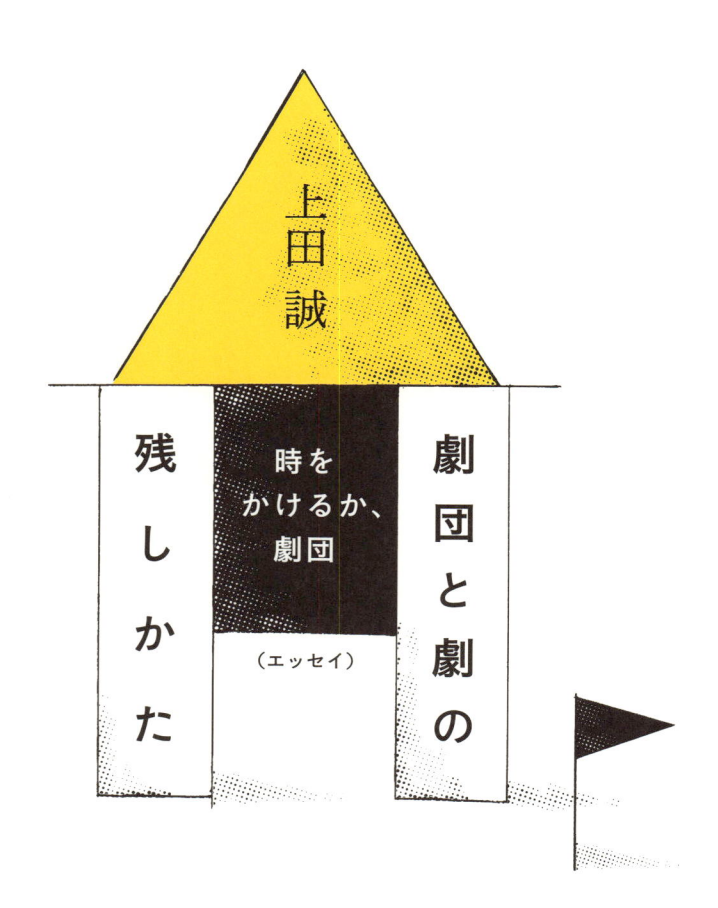

キャリア二十五年の小説家がいるとする。振り返ると二十五年分の原稿がある。恵まれた小説家人生であるならば、多くは本にもなっているだろう。本棚には著作が、出版順にずらりと並んでいる。自分の血汗と時間が形になった、げに満悦な眺めである。背表紙を指でだららららっと辿ってみたりする。

さらに幸運なら、それらは今も絶版になっておらず、読者はその気になれば、第一作から順に手に取ることができる。初期作の精悍《せいかん》さを、中期作の紆余《うよ》曲折を、近作の豊穣を、山脈を歩くように味わうことができる。

作家はそんな新しい登山客を歓迎しつつ、これから続く山脈を、ますます面白く、美しく、迫力ある景色にしてやるぞと意気込む。未来永劫《えいごう》まで登り継がれる名峰に、生涯かけてしてゆくぞ、と。

演劇は、あんまりそういう感じではない。

やったらやったきりで終わりで、基本的に作品は残らない。公演期間が過ぎればおしまいだ。

戯曲は残そうと思えば残せるし、状況に恵まれれば映像も残せるし、チラシやパンフは取っておけるけど、それでもまあ、劇そのものは残せない。数カ月、稽古と本番に命を燃やした作品が、残せない。

「風に記す文字が演劇だ」と誰かが言った。かっこいい言葉だけど、キャリアをそれなりに長く歩んで振り返ったときに、文字がばらばらと風に舞っているばかりなのは、すこし切ない。

その言葉誰が言ったんだっけ、と調べたら、ピーター・ブルックという演出家が著作に書いていた。風じゃなくしっかり紙に記していた。だから残っている。ずるい。

僕らは劇団を二十五年やっている。よくやっているほうだと思う。

劇団ってだいたい短命で、結成したころはときめきに満ちていて、活動も盛んだけど、だんだん緩やかにペースが落ちてきて、やがてひっそりと息をしなくなる。

そう、演劇も残らないが、劇団もまあ残らない。お笑いコンビやバンドも残らないけど、劇団は多分もっと残らない。残らないけど集まって、残らないものを作っている。その可憐さこそが演劇ともいえる。どのみち残らないのだから、残っているうちに、残らないならではのことを風に記そうぜ、と。劇的だ。

いや、そこまで自覚的じゃないな。何しろ楽しいのだ。お笑いやバンドがそうであるように。

集まって劇をやることは楽しい。何もない稽古場に劇ができていくことは。互いの思惑をぶつけ合って空中に思惑城を組み上げることは。偶然生まれたエモーションを再現可能にしていく魔法は。それらのファンタジーをお客さんと確かに共有できたと錯覚することは。笑い声や拍手のシャワーは。

あまりにも楽しいから、劇を作り続けちゃう。残る残らないなんて後先考えず。

僕らの劇団も、そもそもは一回限りのユニットのはずだった。

京都の大学の演劇サークルで、僕が一回生の秋に先輩に誘われ、もう一人の先輩を誘って、学園祭の教室で二人芝居をした。先輩二人が役者で、僕が脚本と演出。「ところで、君はUFOを見たか？」というタイトルの、UFOに攫《さら》われて船内で待たされる、男二人のSF会話劇。

チケットは二〇〇円。初日はかき集めて一三人しかお客さんが来なかったけど、千穐楽《せんしゅうらく》に一〇〇人くらい来て、すごいウケたし楽しくて、「これちょっと続けよう」ってなった。

その時はユニット名もなかったけど、バーミヤンに深夜集まって「ヨーロッパ企画」と名付け、先の「UFO」が第一回公演だったことにして、メンバーを増やして第二回公演を、今度は昼休みのキャンパスにテントを立てて野外劇をやった。テントが風に煽《あお》られて倒れそうになり、慌てて本番中にハサミで穴を開けたら、そこから風が吹き抜けて、テント全体が巨大な笛みたいになった。

まあやることなすこと楽しかったし痛快すぎて、もちろん苦しい局面もあったけど、そのうちにサークルから独立して、劇団ヨーロッパ企画としてあちこちで公演をやり続け、大学を出てからもみんな辞めずにやり続け、途中省略しますけどとにかくやり続け、今年で二十六年目、という思いもしなかった海域へ出てきている。船もそれなりに大きくなったしみんな逞《たくま》しくなった。そして旗揚げの三人や、初期の人たちも多く残っていることが自慢だ。

もちろん座礁《ざしょう》しないように注意深く舵《かじ》を切ってきた結果だけど、あれっこの船いつこんな大航海に出たっけ、みたいな気分もある。ボートで川下りして遊んでたはずが、いつしか財宝をめぐって大タコと戦っている。

劇団を続けることは航海で、我々は海賊だ。気恥ずかしいけれど、いつの間にかそうなっていた。

演劇って海賊行為のようなところがあって、陸に生きる人たちが持っている地図とは違う、図と地が真反対の「海図」を持っている。社会における不埒《ふらち》が「面白いこと」になり、欠損が美徳へと反転し、日銭で大酒を飲むようなところがある。最近では良識風が海の上にも吹いているけれど、なんだかんだはみ出し者が集まりがちだ。

とくに僕らは京都にいるからか、どこかオルタナティブな気分で常にいる。帝国の灯りを遠くに見ながら、次はどの海域が面白そうかね、とか、あそこの沈没船には宝があるらしいぜ、なんてことを話している。遠征が好きだし宴会もよくする。来るべき嵐に備えるように、みんなけっこう働き者だ。

海賊はそして、記録を残さずに歴史の藻屑《もくず》へと消えていく。記録を残すと財宝の隠し場所がバレてしまうし、海の上は揺れて文字が書きづらいし、だいいち日々のエキサイティングな戦いや操舵《そうだ》が忙しくて、記録なんて付けていられなかったりする。

著書で山脈を築いているような海賊はいない。そのかわり海賊は「伝説」を残す。それは語り継がれ、あることないことねじ曲がりながら、のちの世代を奮《ふる》い立たせる。あるいは笑い話にされる。ちょうどそれは確かめようのない、風に記された文字のように。

甲本ヒロトが言った。「バンドって、組んだ瞬間がいちばん最高なんだよ。たとえば学校の友達と初めてバンド組んだとき。ギター持ってなくても、教室のほうきでもさ。そのときがロックバンドのピークなの。あとはそれを続けるだけなんだよ」って。うろ覚えだけど、それを聞いたときに「本当にそうだ」って思った。

バンドの話だったけど劇団も全くそうだ。すべてのグループやチームがそうだと思うし、海賊もきっとそうだ。ヒロトはだいぶん普遍的な真理を言った。

だから目的地を聞かれると困るし、実際インタビューで「ヨーロッパ企画の目標は?」って聞かれるとうーんとなる。大切なのは楽しいまま続けること。そしてそれにはけっこう努力と工夫が必要だ。航海を続けるためのアイデアがいつだって必要だ。

そうして僕らは船の漕《こ》ぎ方がだんだんうまくなり、海図もしだいに充実し、船底にひびを見つけたら修繕し、見張りの交代のしかたを覚え、モーターを付けようとして失敗したりして、船が大きくなりすぎてもどうなんだろう、とか、さりとて嵐の中の笹船みたいなのも嫌だぞ、とか、つどつど船を作り替えながら、氷山にぶつからないように気を張ってやってきた。

そのうち先人たちを見ていると、どうも航海を続けた分だけ見れる景色があるようだ、とわかってきた。トビウオのアーチや人魚の岬《みさき》を見てきた人たちがいるという。百年以上続く海賊一家は、北極海の穴から地球の裏側へと行ったり来たりしているらしい。

こないだ歌舞伎を観にいったら、六歳のぼっちゃんが拍手をもらっていてたまげた。そのあと九十歳の翁《おきな》が喝采《かっさい》を浴びていてさらにたまげた。血の匂いがすごかった。宝塚もすごいし四季もすごい。吉本新喜劇はコメディの大先輩だ。新劇や大衆演劇も半端なさそうだ。

ヨーロッパ企画が三十年後どうなっているのか、僕にはわからない。三年先も霧に覆《おお》われている。ＡＩの勢いもすごいし、文芸そのものがどうなっていくかもわからない。けど僕らの伝説がどこかに残っていたら嬉しい。劇団ごと残っていたらもっと嬉しい。そのときは乗組員がそっくり入れ替わっているかもしれないけど、そんなの必然だし全然いい。小説家にできなくて劇団にできることのひとつがそれなのだ。

そして願わくは、作品が残っていたら最高だ。

海賊ぶったけれど、実は私、揺れる甲板でしこしこ記録をしたためるタイプの海賊だったのです。第一回公演「ＵＦＯ～」は、台本が残っていて、なんと映像も残っている。定点カメラで撮った記録映像だけど。過去公演もかなり昔からＤＶＤでリリースしている。戯曲本はそんなに出してないけれど、高校生から上演の問い合わせが来たりして嬉しい。最近だと劇団で映画も作っている。映画ならそのままの形で残る。

　残すことって大事だ。残したもん勝ちだ。風だけじゃなく、紙や円盤に記す。スクリーンにも記す。

　去年、南座でやった二十五周年公演で、「ＵＦＯ～」の再演を二十五年ぶりにした。当時と同じ二人の先輩で。短縮バージョンだったし、二十五年前にやったのとはもちろん違ったけど、客席を含む熱気は当時のそれだった。

　我々の劇は二十五年の時をかけるのに成功した。次は三十年、かけれるだろうか。

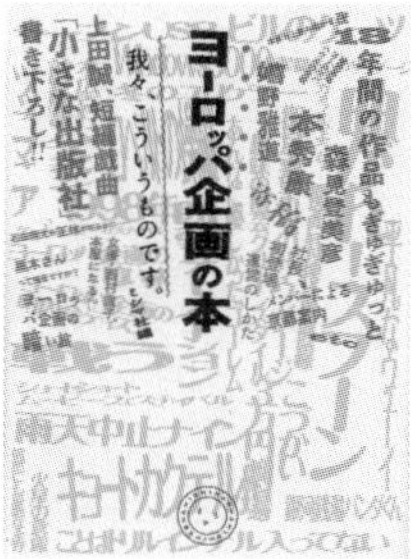

上田 誠（うえだ・まこと）

一九七九年生まれ、京都府出身。ヨーロッパ企画の代表であり、すべての本公演の脚本・演出を担当。外部の舞台や、映画・ドラマの脚本、テレビやラジオの企画構成も手がける。ミシマ社編『ヨーロッパ企画の本』も大好評。

（エッセイ）

三十年後もボクは坊さん？

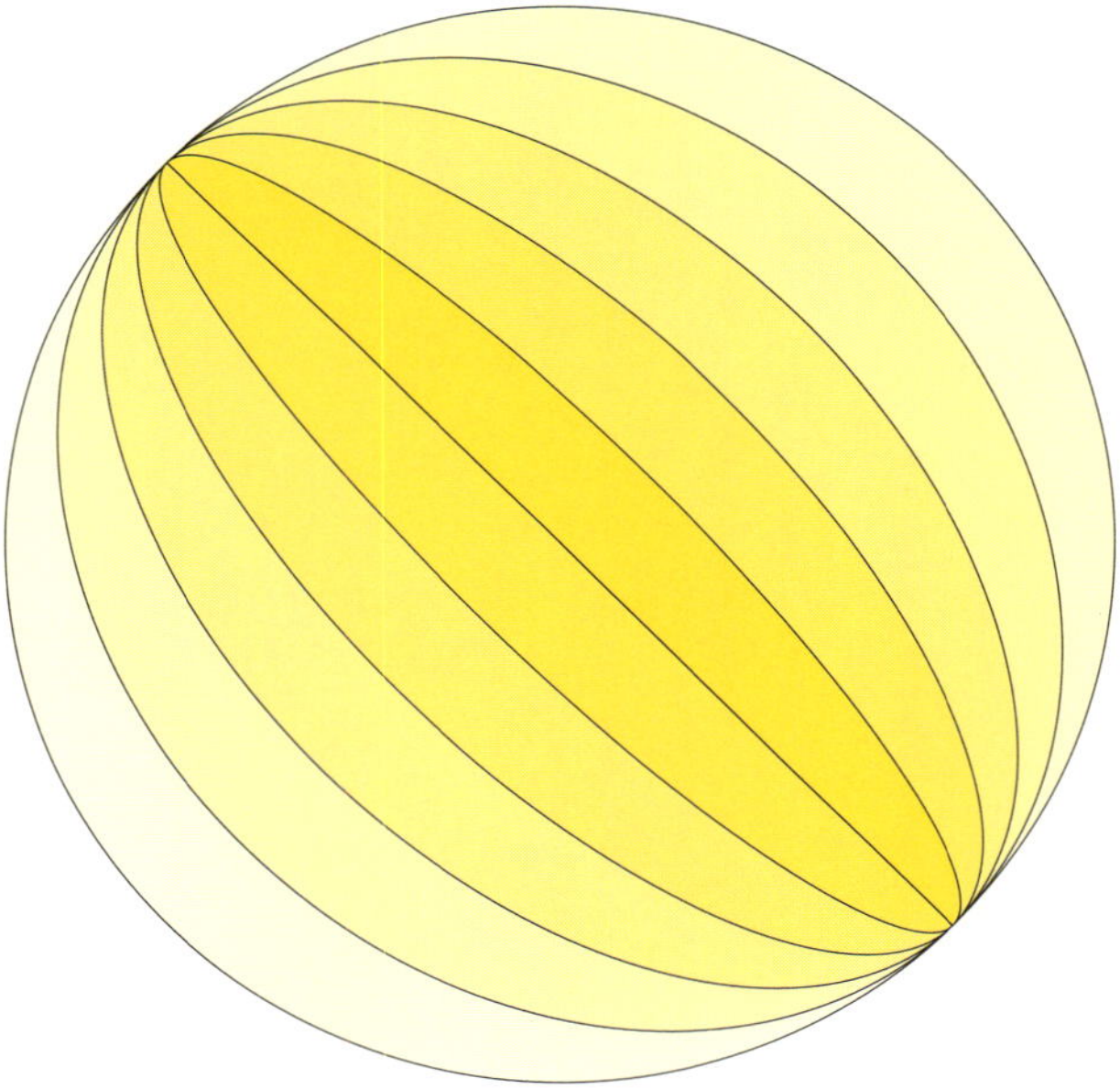

白川密成

江戸時代は最近

わずか三十年後という年月の前で、ひるんでいる自分がいる。

でも僕が住職をしている「お寺」という場所は、長い時間を感じやすい場所だ。本堂にまつっている仏像の中には、平安時代の仏様が二体おられるし、そういう環境に住んでいると、たとえばお寺の文化財調査をしている人たちとの会話ひとつとっても、「あの文書、時代はいつでした?」「江戸でした〜」「そうですか、最近だったんですね……」「でも、それはそれでおもしろさもありますし！」というようなやり取りが多く交わされる。

つまり普段から少なくとも八百年ほど前に作られた物や人の存在感を覚えながら、生活をしている。仏教を興《おこ》したブッダ釈尊その人は、約二千五百年前の人であるし、弘法大師空海は、千二百年以上前の人物だ。彼らの言葉に、日々僕はふれている。

だから、「三十年後」というテーマを前にして、「見方によっては、ずいぶん先のことだけど、お寺という長い射程を持った場から見れば、違った風景が見えるかも。ここはひとつ坊さんに聞いてみよう」という気持ちもなんとなく想像できる。でも正直に言うと僕もやっぱり、「三十年か、ずいぶん先だな」と凡人丸出しで、あくびをしていた。今の年齢が四十六歳なので、「→七十六歳」と白紙に書いて、「おじいちゃんだな」とか「生きてるかな」と、かなり普通に思いをはせた。

で、現実の世界とどう向き合うのか

本誌『ちゃぶ台』に参加させていただくのは、二〇一九年の岡田武史さん（元サッカー日本代表監督、現FC

今治会長）との対談（『ちゃぶ台Vol.5「宗教×政治」号』に収録）以来だ。岡田さんは、今年四月に今治で開校した新しいコンセプトの学びの場であるFC今治高校里山校（サッカーの高校ではない）の学園長に就任されて、なんとその高校では、四国八十八ヶ所の「遍路」を歩いて巡礼することが、教育カリキュラムとして取り入れられている。生きる力を座学だけではない、全方位から高めるような教育方針があるのだと思う。その第一回の授業を、五十七番札所の住職である僕が担当した。

最近、あらためて強く感じているのは、ミシマ社の視点や行動が、常に一冊の本にありったけの思いを込めながら、「で、現実の世界とどう向き合うのか」ということと深く結びついていることだった。

この『ちゃぶ台』で対談させてもらったことで、思考の中で時に抽象的になりすぎる僧侶という役割が、「新しい教育の現場」という具体性を少し帯びたことが、うれしかった。「生徒の感想」を読んでいると、「必ず栄福寺に行きます」というひと言があって、なんだか胸に響いた。

カエルに空海を感じる町

僕が住職をしている栄福寺は、いわゆる農村にあり、ちょうど今この文章を書いている梅雨の季節に、お寺の周りにある水田に水が入り始める。その日の夜から、窓の外ではいっせいにカエルが鳴き始め、水で空気が冷やされるからなのか、周りを吹く風が少し冷たくなる。僕が一番、空海が言う「仏」を身近に感じる季節だ。

法身の三密は、纖芥《せんがい》に入れども迮《せば》まらず、大虚《たいきょ》に亘《わた》れども寛《ひろ》からず、瓦石草木《がしゃくそうもく》を簡《えら》ばず、人天《にんでん》鬼畜を択《きら》わず、何《いず》れの処にか遍《へん》ぜざる

（弘法大師 空海『吽字義』）

【現代語訳】

法身仏の身と口と意の三密は極小の塵芥《じんかい》の中に入ってもさして狭いわけではなく、虚空に入れてもそれほど広いということはない。瓦礫《がれき》という非生物や草木などの植物をえり好みするわけでもない。人間や化け物の類に至るまで、どこにでも入り込み、どのようなものでも持ち支え、包み込んでしまう。

空海は、石にも草にも鬼にも小さなゴミにも仏ありとする。眠りながらカエルの声を聞き、わずかに涼しい風の心地よさを感じるとき、僕はその「仏」を妄想かもしれないけれど、ありありと感じる。僕はそんな町に住んでいる。

思いもしないうしろめたさ

住職になった頃、盆のお参りである民家を歩いて訪問したとき、土壁に穴が空いていた。その家の主人は、「おっさん（和尚さん）、これはね、ツバメが巣を作っているとき、この場所に入りやすいように、家の壁に穴を空けてあげたんだよ」と話してくれた。ツバメのために、自分の家に穴を空けるなんて優しい人だな、と思った。

続いて彼は、「犬を捨てた話」を始めた。「もう何十年も前だけどね、飼っていた犬を捨てたことがあるんだ。やむをえない事情があってね。ずいぶん遠くに捨てたけれど、ある日、泥だらけになった犬が家に帰ってきたんだ」「すごいですね。よく帰ってこられましたね。それで、どうしたんですか？」期待を込めて僕は、尋ねる。ハッピーエンドはすぐそこだ。

「死ぬほど撫《な》でてあげて」「はい」「……もっと遠くに捨てに行ったんだよ」

なぜかその話をいつも思い出す。なぜ思い出すのか、よくわからないけれど、人間がやることには、必然的に「弱さ」や、「やむをえなさ」がいっぱいある、という意味合いで、思い出しているのかもしれない。「三十年後」という言葉から、僕らが何かを計画して思い浮かべても、そこには、必ず「犬を捨てる」ような、思いもしないうしろめたさや、悔しさが混じってくるような気がして、僕はそれを込みで、三十年後を思う人間でありたい。

あきらめずに楽しくあがく

お寺がどんどんなくなっている。人口が減り、地方からはもっと減り、経済合理性がより重視され始めると、なくなるのはなんだろう？　と考えると、「そうか、寺だった」と坊さんである僕も、膝《ひざ》を打ったかどうかは内緒である。「三十年後も、ボクは坊さん」とは言えないかもしれない。

「いかに生き残るか？」という話題が、寺の周りに溢れている。でもその中に、「なぜ残すのか」「これからの時代に残したいものを、いかに作るか」ということが、あまりにチャレンジされていないような気がする（残念ながら自戒を込めて）。これは会社だったり、自治体であったり、あらゆる「生き残り」を声高に叫ぶ組織や人たちが、そうだという気がする。

そんなことを、考えている日々に、長く「坊さん生活」のヒントにしてきた、臨床心理学者・河合隼雄《はやお》さんの著作から、こんな言葉にあらためて出会った。

お寺のお坊さんたちがもっと仏教の魅力や意味を人々に伝える努力をする必要がありますね。そういう活動がまるで伝わってこない。日本のお坊さんたちは宗教活動はあまりしなくても食べていける。こういうところが構造的な問題なんですね。（略）心を癒すという意味では仏教には相当の可能性があると思います

（河合隼雄『私が語り伝えたかったこと』）

いい言葉だな、河合先生の仏教への応援メッセージだなと思って、お坊さんたちが集まる場でこの言葉を紹介させていただいたら、会場がシーンとしてしまった。「何を知ってんねん」と苦労を重ねているらしい、お坊さんににらまれた。

でも、この言葉にふれて、生きていたとしたら僕の三十年後までやることは、結局これなのだと思う。

「仏教の魅力や意味を人々に伝える努力」。そしてとても僭越《せんえつ》ながら、住職になって二十二年間、転んだり、頭をぶつけたりしながら、取り組んできたのも、これだったのだ。

お寺で坊さんが坊さんであるだけでは、河合さんが言うようには、「食べていけなくなっている」時代の今だからこそ、宗教的に新しい何かが、始まるんじゃないかという予感がする。これも、宗教だけではなくあらゆる現場がそうだと思うのだ。

そして、その根本にあるのは、「結局、こっちのほうが、おもしろいと思うし、楽しいよ」というものでありたい。皆さんのいる「場所」でも、そうではないだろうか。

こういったモチベーションを、小さな場所で、同時に何発もいろいろな地域や分野で発していけば、三十年後は、想像していたよりも、きっと、うれしいものになっている気がする。

いや、「駄目」だったとしても、そのために「楽しくあがく」ことが、残された道の中で一番、充実していそうだ。だから、それを僕はやろうと思う。

嫌な葬式を経験したことがない

最近、お葬式で拝むことが続いた。

その人たちは、幸い周りから好かれていて、悔やまれながら、ある意味で幸せにこの世を去って行った人たちだったので、お葬式もとても温かい雰囲気だった。そこで、ふと思ったことがある。

「でも自分は、嫌な葬式というものを経験したことがないな」ということだ。同じ葬式といっても、なかなかここでは書けないような複雑な事情があることがある。経済的困窮、修復できない人間関係、やっかいな健康問題は、そのまま現代の課題にもつながっている。葬儀の場というのは、人の抱えたそんな問題が、ある意味で端的に表れてくる場である。にもかかわらず、「嫌な葬式がなかった」ということは、どういうことだろう？　としばらく考え込んでしまった。

それにはたぶん二つの理由がある。ひとつは人間の生死が、そもそも「いい」とか「悪い」とか世俗的な価値観だけで、単純に分けられるものではないということ。もうひとつは、「僧侶」である僕が「その人の人生を〈あえて〉全肯定する」という気持ちで、お葬式に臨んでいるからだと思った。

「いろいろ、難しいことはあったでしょう。でも今、葬儀の場で私は、あなたのすべてを肯定します」。無意識だけど、そういう気持ちで向き合っていたから、「嫌な葬儀」がなかったのだった。

「三十年後」という言葉を前にして、僕は皆さんに、「今までの自分や自分たち」に対して、そういう視点をヒントにすることを提案したい。今まで駄目だった（と思い込んでいる）自分（たち）を、無闇《むやみ》に攻撃したり、過去をなかったことにするのではなく、反省も問題意識も大いにあるけれど、「ここまで、なんとかやってきたよね」「もっと悪いことにもなり得たよ」と、ちょっとしたねぎらいの言葉をかけつつ、未来を覗《のぞ》き込むことで、人が前を向くための大切なエネルギーとアイデアを補充することができる、というのが、僕が体験的に学んだことだ。

道中のマントラ

怒りやすくて恨みをいだき、邪悪にして、見せかけであざむき、誤った見解を奉じ、たくらみのある人、——かれはいやしい人であると知れ
（『スッタニパータ』一一六）

仏典でも最古層に属すると考えられる『スッタニパータ』の言葉である。ほとんど自分のことじゃないか、と多くの人が思うのではないだろうか。再びこっそり言うけれど、僕だってそうだった。でも、ある種の〝本当に邪悪なもの〟は、根元のほうから人をむしばむことも、僕たちは見てきたはずだ。

時には、怒ったり、恨んだり、さぼったりもするけれど、できるだけおもしろいこと楽

しいことを、自分と誰かに見せ合いながら、三十年後に会いましょう。「駄目かもしれないけれど、あきらめずに楽しくあがく」というのが、道中のマントラ（真言）です。僕はそのヒントが、仏教やお寺にもあると思っています。

戦争のこと

最後にひとつ。「三十年後」という視点で、かなり心配していることとは、「戦争」に対すること。これも毎年、亡くなった人たちの過去帳を繰りながら、若い人たちが「日露戦争で没」「太平洋戦争で没」と、短いからこそリアルに迫ってくる言葉で記されているのを、目の当たりにしているからだと思う。今でも、家族でも友人でもない戦没者に心を寄せ、供養を毎年、僕に依頼してくる人がいるのもある。また戦争を生《なま》で知る人たちが、どんどんこの世からいなくなっている。そして、「生」の新しい戦争が世界の各地で起こっている。

人は、忘れることで生きられる面がある。コロナ・ウイルスのことも三年前とは、まるで感触が違う。でも、ふと子どもや親、友人を亡くした、「戦争なんて、二度とごめんだ」という叫びを持った人たちの声が、ほんの近くで聞こえることがある。

先日、西日のあまりの美しさに、中学生と小学生になった娘たちと寺の境内を太陽に向かって走っていった。たいして役に立たなくても、太陽に向かって走ることのできるような場所が、お寺という場なのかもしれない。

三十年後に、この美しい世界が美しいままでありますように。

ブッダが人生の最終盤に述べたとされる言葉を置きます。

この世界の土地は五色もて描いたようなもので、人がこの世に生まれたならば、生きているのが、楽しいことだ

（閻浮提地、如五色画、人生於世、以寿為楽）

白川密成（しらかわ・みっせい）

一九七七年愛媛県生まれ。栄福寺住職。高野山大学密教学科卒業。二〇〇一年、先代住職の遷化をうけて、二十四歳で四国八十八ヶ所霊場第五十七番札所、栄福寺の住職に就任。二〇一〇年、『ボクは坊さん。』（ミシマ社）を上梓、二〇一五年十月映画化。他の著書に『坊さん、父になる。』『坊さん、ぼーっとする。』（以上、ミシマ社）、『空海さんに聞いてみよう。』『空海さんの言葉』『マイ遍路』など。

「三十五年に一度マツリが生まれるんだよ」

（エッセイ）

猪瀬浩平

宮城県南部にある角田市《かくだ》に呼ばれて、『野生のしっそう』をめぐって話す機会をいただいたのが、二〇二四年の一月下旬。角田市教育委員会生涯学習課が主催する「かく大學」の講座の一回に、『野生のしっそう』の刊行記念イベントを企画してくれた。
前日に現地入りしたのだが、打ち合わせがすごいことになった。かく大學の関係者を中心に、角田やその周辺（といっても一時間以上車を走らせてきた人たちもいるが）から、わたしの古くからの友人や同居人、そしてその友人たちや地元の仲間が集まり、とにかくしこたま呑んだ。それぞれの来歴（ずっと暮らしている人もいれば、移住してきた人、一度離れて、また戻った人もいた）と集まった人とそれぞれのつながりを、にぎやかに語った。詳しくは書かないが、そのうち二人は「しっそう」と「そうなん」を経験しており、それについても包み隠さずに語ってくれた。そして角田や隣の丸森《まるもり》で行われている、さまざまなたくらみについて語り合った。場所を変えても呑み語り続け、気づいたら歩くのも大変になるくらい、愉快に酔っぱらっていた。

なぜ、わたしはあんなに愉快に酔っぱらったのだろうかと考えると、そこにはさまざまな〈なつかしさ〉がある。

わたしはもう二十年以上にわたり何度も角田を訪れており、今回はコロナを挟んでひさしぶりの訪問だった。なつかしい人たちや、その親しい人たちが集まった。初対面の人たちもいたけれど、しかし他人のようには感じなかった。ずっと会えなかった人とも、会えなくて心配していた人とも元気に会うことができた。それはとてもうれしいことだった。そして、わたしが小学生の頃から毎日食べている米は、角田の土地で、角田の農民――そのうちの一人が目の前にいた――がつくっている。だからわたしの身体や、エネルギーの多くは角田の農地と農民によって生み出されてもいる。日々食べる角田の米が、わたしの新しい生の一部になっている。

なつかしさは、やさしさに通じ、とぎれなくつながっているその雰囲気につつまれて、わたしは安らかに酔いつぶれた。

翌日は朝からイベントがあり、スピーカー全員が真っ白な顔をしながら壇上にあがった。わたしは、角田の農家がつくった米を三十年来食べ続けているきっかけを自己紹介として語った。

わたしと角田との出会いには、ある「しっそう」がある。角田で代々農家を営む家に生まれた青年が農業高校を卒業した。卒業後のお決まりの進路である地元宮城県の農家養成施設には入らず、思い立って房総半島にある農業青年研修施設に入った。そこで出会った若くて、変わった教師との縁が、彼と角田の農家の運命を変えた。研修施設を卒業し、青年が地元の農協青年部の委員長になる頃、その教師を呼んで「みんなが元気になる」話を聞くことになった。話はもりあがり、農協青年部としてアジアの農民を集めて交流する大イベントを実施することになった。工業製品の輸出を進めるためにもコメの輸入受け入れは必須だという自由貿易を求める声と、日本の農業を守るために外国のコメを一粒たりとも入れるなという声と、どちらもやかましくメディアを賑わせていた頃のことだ。日本に輸出することになるかもしれないコメをつくっているモンスーンアジアの農民を呼んで、囲炉裏端《いろりばた》で呑み、農民同士語り合おうという計画は、気づけば農協全体を巻き込み、姉妹都市になっていた都市住民その他が集まる成大なマツリになった。そのマツリの延長で、やがて角田の農民たちはアジアの農民たちとの交流をはじめ、お互いに往来するようになった。

一九九〇年——今から三十四年前のことだ。そのプロデューサーとして招聘《しょうへい》されたのがわたしの父であり、彼は角田の農民たちや、アジアの農村からやってきたゲストたちの熱い魂に触れていたく感動し、以来、角田の米を送ってもらって食べるようになった。そういう産直の輪は、わたしの地域の障害者団体の中で広がっていった。その延長で、角田の農民がわたしの活動する見沼田んぼ福祉農園に営農指導にやってくるようになり、また福祉農園のメンバーが角田を訪問するようになり、そして一緒に角田の農民が支援するタイの農村を旅するようになった。やがて、ひょんなことからわたしは角田の農家出身の少年とルームシェアをするようになり、彼を通じた新たなつながりも生まれていった。その三十年以上にわたる延々たる交流の先に、今回のイベントがあった。

かく大學のイベントが無事終わると、前日未明までの宴会で消耗したわたしは地元でご飯を食べることもできずに、温泉に入ってから帰宅した。せっかく駆けつけてくれた参加者たちとも、イベント後にじっくり話をすることはできなかった。温泉に連れて行ってくれた仲間たちは、イベントや『野生のしっそう』の感想を、自分の経験に引き付けて語ってくれたのだが（同行した二人が、それぞれ「しっそう」と「そうなん」をした人たちだった）、わたしはそれに満足な応答をすることもできなかった。

翌日、イベントに参加していた農民から電話をいただいた。一九九〇年のマツリの時に、農協青年部のメンバーとしてホームステイ担当をしていた人だ。

あのマツリの前、角田は阿武隈川《あぶくまがわ》の水害や、やませ（夏に東北地方に吹く北東からの風）による戦後最大の冷害にたびたび襲われ、人びとの中に閉塞感が漂っていた。でも、そんなよどみの中で、エネルギーはふつふつと溜まっていた。それが爆発して生まれたのがあのマツリだったんだという話を、その人はした。そして、あのマツリを経験したことが、自分の生きることや世界に対する見方を形づくった。自分はあのマツリの延長でものを見ている。そういうマツリが生まれる瞬間がある。

それは、昨日の話の感想というよりは、かつてのマツリの回想だった。そうやって回想されたマツリの延長に、わたしは角田を訪ねたのだと改めて思った。わたしと角田との交流も、三十五年前のマツリによってはじまり、そしてそれが今にも及んでいる。であれば、わたしのものの見方の一部も、あのマツリによってつくられている。

そうやってほぼ一方的に語られた長電話が終わった。

その人の言った、三十五年に一度マツリがあるのだよという言葉が印象に残った。であれば、新しいマツリはもう目の前にある。わたしが生きる世界は、三十五年前の角田とは別の閉塞感が漂っている。しかしそれこそが、マツリのエネルギーに変わりうるのだということを、その人が語ったように、わたしは感じた。

鷲田清一は、メルロ＝ポンティの可逆性という言葉を語るに際して、以下のような仮定を示す。「われわれは世界にたいして存在しているのでなく、世界とおなじ生地で作られているのだとしたら、いいかえると、意味の生成が意識の作用においてではなく、織物（テクスト／テクスチュア）の差異として出現するのだとするならば、われわれはコギトとしての意識の哲学から離脱しなければならない」[1]。それは体験〔Erlebnisse〕ではなく、根源的設立〔Urstiftung〕の哲学への移行、そして現象学から存在論への移行である。

その言葉を手がかりに角田という地域とわたしの関係を語るのであれば、わたしは、角田という地域に対して存在しているのではない。わたしは、角田という地域とそこに生きる人びとの世界と同じ生地で作られている。実際、わたしは角田で出会ったことに感動し、角田からやってきた若者たちとともに暮らし、飯を食い、語り合い、喜怒哀楽をともにしてきた。角田に大きな地震や、原発事故による放射能汚染が起こった時は、その地続きの世界に生きていること――だから自分が安全な場所にいるとは思えなかった――を実感した。そうやって編みなおされていく織物――『野生のしっそう』では、それを人類学者のインゴルドの「メッシュワーク」という言葉で表した――の差異として、わたしの生きる世界が意味のあるものとして現れる。わたしが角田に感じるなつかしさは、そうやって更新されていく。

電話をくれた人やわたしの父を含めて、三十五年前のあのマツリにかかわった人たちは老いていく。一方で、そのあとの時代を生きる人たちの人生も、必ずしもままならない。ちぐはぐになっていくものがあり、そしてあのマツリが生み出したものもだんだんとうすれていく。およそ三十五年前に描いたような未来は到来せず、そしてその時に想定しなかった災厄がわたしたちの目の前にある。たとえば、円安や戦争による燃料代や肥料代の高騰、人口減少と高齢化、鳥インフルエンザ、日中に働けなくなるような夏の猛暑……。挙げていけばきりがない。

そんな閉塞感の中で、ふつふつと溜まっているエネルギーがある。悲惨を生み出すのではなく、希望を生み出すために、それをどう爆発させるのか、そんなことを思う。悲惨（その最たるものが戦争だろう）にも、希望にもなりえるそんな可逆的な閉塞感の中で、わたしたちはマツリの到来を待つ。そしてマツリは、わたしたちの準備を待っている。

1　鷲田清一『メルロ＝ポンティ――可逆性』講談社、一九九七年、二六六頁。

猪瀬浩平（いのせ・こうへい）

一九七八年埼玉県生まれ。明治学院大学教養教育センター教授。専門は文化人類学、ボランティア学。一九九九年の開園以来、見沼田んぼ福祉農園の活動に巻き込まれ、様々な役割を背負いながら今に至る。著書に、『むらと原発　窪川原発計画をもみ消した四万十の人びと』『分解者たち　見沼田んぼのほとりを生きる』『ボランティアってなんだっけ？』など。最新刊『野生のしっそう　障害、兄、そして人類学とともに』は多方面から反響を呼んでいる。

ちゃぶ台の中の
周防大島

8年前、
この島を訪れていなかったら、
「ちゃぶ台」は
創刊されていません。

三浦 豊
宮田正樹
中村明珍
内田健太郎

（対談）

森と土を愛してやまない二人が語る「三十年後」

三浦 豊×宮田正樹

聞き手・構成：三島邦弘／編集補助：坂井 遥

全国３０００の森を歩いてきた「森の案内人」三浦豊さんだが、周防大島は初来島だという。対談前日、この島で自然農を営む宮田正樹さんたちと一緒に、森を案内してもらった。ほどなく、宮田さんが「たのしすぎる〜」と声をあげる。宮田さんとお会いしてもう10年になるが、こんなリアクション見たことがない。ちなみに、この日が二人の初対面。翌朝、宮田さんの畑を訪れた。三浦さんは、対談が始まるとしみじみと言った。「こういう言い方失礼かもしれませんが、畑めっちゃかわいいですね」。それを聞き、頬をゆるめ大喜びする宮田さん。

側から見ていても、ふたりが目に見えない深いところで共振しあい、意気投合しているのがはっきりわかる。こういうのを出会うべくして出会うというのだろう。

私が知るかぎり土をもっとも愛する方と、森をもっとも愛する方が「三十年後」をどう捉えているか、そのお話を聞きたい。このような思いで企画した本対談だが、もう、始まる前から、そうした企画意図は飛んでしまった。なんのひねりもない言い方だが、すごかった。

そのすごさ、その空気をすこしでも読者の皆さんと共有できればと願ってやみません。

「美しくない原生林はなかった」（三浦）

――お二人はどのように今のお仕事に至ったのでしょう？

三浦：僕はもともと大学で建築意匠を専攻していました。今までにない何か新しい空間や場所を作りたい、そうなると建築だと思ったんです。それまではずっと京都に住んでいましたが、大学で東京に進学しました。

東京に住んで街中の植物を見ていると、〝人

収録日：2024年6月26日

智を越えたすごいことが起こっている〟と感じたんですよね。それで卒業後、東京で植物を植えるみたいな仕事をしたかったのですが残念ながらそういう仕事はなくて。

でも、これはもっと自分の根を深くしないといけないなと思って、建築意匠という領域で「居心地がいい空間」ってどういう空間なのかなと考えてみたんです。最高に、このうえなく居心地がいい楽園パラダイスというのはどういう空間かなって（笑）。そのとき、空気が動いているというのはすごく大切だなと思いました。庭があると、明るいところと暗いところができて気圧の違いを生み、空気の流れを生むんですよね。

また直観ですけど気持ち良い空間が人間だけであるはずがない、居心地がいい場所には植物がいてほしい。だから「庭」を作る人になろうと思いました。とくに千年以上続く伝統的な領域の日本庭園だ、と。それで京都に帰って庭師になりました。

いい庭っていうのは、人間だけではなくて石とか植物とかそこにいる万物と一緒に作るものです。でも僕は京都と東京しか知らないですから、まず最初に屋久島に行ったんですね。そこで圧倒的な大自然を感じました。

でもそれで京都に帰って庭を作って、これが日本の大自然です、みたいなのってすごく表層的だなと思ったんですよね。日本中でどういうことが起こっているのかが気になって、屋久島を出てすぐ、車に家財道具を積んで五年間一人で日本中を回りました。

今みたいにアプリなんてないですから、重い図鑑を持ちながら一個一個覚えていって、生えている植物の名前と性質は言えるようになりました。

宮田：すごいですね。

三浦：そこでまず衝撃的だったのが、美しくない原生林がなかったことです。

それまでは、手入れをしたら綺麗になるはずだと思っていたのに、人間が手入れしていない原生林が例外なく綺麗で。これはどういうことだ、何が起こっているんだ、そしてなぜ僕はここに来て美しいと感じているんだ、という圧倒的な問いをもらいました。

あともうひとつ、しばらく森の旅が続いてから、〝木は生きている、彼らは動けないんじゃなくて動く必要がないんだ〟と感じるようになりました。

でも私たち人間が目視できないところで木は膨大に動き回っているんですよね。森はとてもにぎやかな場所なんだ、と感じました。それと同時にすごく落ち着くというか。

これほど森がすごいのに多くの人の世界観に森がない、この断絶は何なんだ。森のこの素晴らしさ、ワンダフルで圧倒的な世界を、ありがたい機会をいただいて見た者として、これは共有しないといけないと思い、「森の案内人」になりました。

「やってもやってもうまくいかない時期もありました。ジャガイモ一〇〇グラムしか取れないとか」（宮田）

宮田：私は海育ちで、保育園の頃から帰ったら一人で海に行っていました。

アサリとかを掘っていっぱい持って帰ったら、母が喜んで佃煮にして瓶に入れてくれていて。みんな喜ぶし掘るのもすごく楽しくて。それが原体験ですね。

食べ物を取って帰って、喜んでもらえるというのが嬉しかった。

中学生のころ、東アフリカの人たちが飢饉というのを知り、同じ地球に住みながら飢饉がある国と普通に食べられる国があることが不思議でしょうがなかったんです。理科が好きだったので「ニュートン」とかの雑誌を買って読んでいると、当時遺伝子組み替えがすごく流行っていて、遺伝子を切ったり貼ったりするような技術がたくさん書いてありました。最初は、これで食糧難が解決できる、そう思ったんです。

でも高校のときかな、ふと思ったんですよ。これはちょっとやばいというか人間やっちゃいけんのじゃないかって。じゃあ何が飢饉をなくすのかなと調べていくうちに「有機農業」を知りました。〝循環〟していくことが永続的なのではないかと思うようになりました。

一回アフリカに行きたかったので、(大学卒業後に)海外協力隊としてアフリカのセネガルに行き、そこで稲作指導をおこないました。最初に任地に行くと、バカデカい農業機械が半砂漠のところに転がっていたんですよね。もとはヨーロッパのプロジェクトが使っていたものが、去った後は放置されて。これが開発という名の現実か、とまざまざと感じました。飢饉というのはもちろん気候とかもあるかもしれないけれども、人間が引き起こしたものもあるかもしれないなと感じました。

協力隊から帰って山口県の中央部あたりで有機農業を始めました。それがちょうど三十年ほど前です。でも(十年後に)すごい台風が来て、母屋の屋根は飛ぶわ鶏舎も半壊だわで本当に大変でした。しょうがなく、泣く泣く手放して離農。その後八年間学校に勤めていました。そして二〇一三年にこの島に移住してきました。

三浦：そこから今に至るまでいろいろなチャレンジを続けてこられたんですね。

宮田：まず失敗してから理解するっていう性格

なんですかね。良かれと思ってやったことも常に失敗してきました。でも正解はないし、常にやってみないとわからない。自分の想像していたことと違う結果になったのを失敗と言うだけで、貴重な経験には変わりないと思うんです。

周防大島でも開墾した畑だったらそれまでの養分の蓄積でいろいろな野菜がたくさんできると考えたのですが、本当にやってもやってもうまくいかない時期もありました。ジャガイモでも、以前は一株一キロぐらい取れてたのがたった一〇〇グラムしか取れないとか。経験したことに対して、どうしてそうなったか考え、次どうするかを決めていく。そういうのが今につながっているという感じですかね。

三浦：そうなんですね。宮田さんの言葉一つ一つに圧倒されます。

宮田：とにかく農業というのは、食べるもの、命をつないでいくものなので、だったらなるべくお金を使わずに誰にでもできるやり方で、というのは海外協力隊で感じてから心の隅っこのどこかにありました。

本当に人とのご縁と運があって、はじめて、今やっと農業を生業にできています。

脇の甘い、隙だらけの世界を

三浦：先ほど初めて宮田さんの畑に降り立ったとき、なんというか、かわいいなと思ったんです。子どもたちが走り回っているような、すごくにぎやかな感じがしました。それと同時に落ち着く。森にいるのと同じ感覚になりとても感動しました。

僕が夢見ている世界は、脇の甘いというか、隙だらけの突っ込みどころ満載の油断した世界なんですよね。それが宮田さんの畑で具現化されている感じがしました。でもそれは向き合っておられる宮田さんの壮絶な経験があってこそなんですよね。オセロでいうと角と角はおいてある（あとは自由にしていいよ、みたいな）。

宮田：ありがとうございます。

三浦：宮田さんは雑草が目の前にいても刈ってしまうことはないですよね。慣行農法だともっと農薬とかを使って全て刈ると思いますが、やっぱり植物はいろいろ生えているほうが好ましいものなんですか？

宮田：そう思いますね。最近は、菌類を介して、草と野菜とが連携しあっていると言われていますす。草が野菜よりも大きく高くなって、それこそ風通しが悪くなってしまったらそこは刈っています。ちょっと小さく低くなってね、というような感じで。だから三浦さんがおっしゃられた風通しというのはすごく大切なのかなと思いますね。

大きくならなくていい、枯らしていったらいい

三浦：僕は二年ほど前に滋賀の北部に引っ越しました。行くにはいいところなんですが、住むとやっぱり寂しくて。なんでかなと思うと、人がいないからなんですよね。なんで人がいないかというと生業がないからで。そこで僕は「森は生業にならない」というすごく大きな、ありがたい問いをいただきました。林と違って森は自然現象なんですよね。森は人間のためにあるわけじゃない。

林は生業になるんです。日本も林業のおかげで一億人も生きてこられた。だから人間が手を入れてきた林も偉大だと思います。

それでも僕は森が好きなので、森を伝えていきたい。日本には今、本当にたくさんの木が生い茂っています。日本中にこれほど木が生えている時代はないんですよね。それでも多くの人の心の中に森はいない。無関心なことを啓発す

るっていうのは本当に難しい。そしてここの不連動がどういうことを引き起こすかというと、歴史を見てもわかるように、木がもののように扱われ徹底的に切り開かれます。

　でも僕がいつも見させてもらっている森の世界は本当にかけがえのないもので、たくさん示唆を与えてくれます。僕は小学生にアオキと出会ってほしいんですよ。日陰で大きくならなくていい、枯れたら枯らしていったらいいと。そしたらきっと、これでいいって背中を押される子供がきっといると思うんです。木はそこから動いていかない「これでいい」という凄《すご》みを持っているので。

宮田：ほんとうにそうですね。

　昔、有機農業の先輩が「出た杭《くい》はたたかれるけれども出過ぎた杭はたたかれない、だから僕は出過ぎた杭になりたい」とおっしゃったんです。でも私はそんな器とか能力とか全然ないので、一センチほどしか出られないかもしれないけど、それをたくさん出せればいいなと思って。そしたらどこか叩かれて引っ込んでも、モグラ叩きみたいにこっちはまた出てくるみたいな。

　いろんなことになんやかんや意見するよりも、自分がやってきたことを見てもらうしかないのかな、と思います。農薬いけんよね、除草剤いけんよね、っていうよりも「使わないでやっています」っていうことを見てもらったり、知ってもらったりして、一つの選択肢の提示ですかね。人それぞれ立場や置かれた状況が違いますし、あとはその人がどう感じるかですね。

森のツッコミが聞こえてきます

三浦：ここ十年を思い返すと森に入ることで僕自身が「解像度を高める訓練をさせてもらっている」という感覚があります。十年前の自分と比べても今の僕は全然違うので。

森は自分の内面の鏡だとも思うんです。森は圧倒的な万物であり、本当に情報量が多い。情報量が多いところにいるとどうなるかというと、自分がネガティブな状態だったらネガティブな要素が見えるし、ポジティブだったらポジティブな要素が見える。

脳ってやっぱり怠けるじゃないですか。見たいところを見ますし、感じたいところを感じる。だからまだ自分というセンサーを信じられてないというところもあるんです。「そもそもお前がんばれ」ってずっと森に言われている気がしています。

ただ最近の森を見て、やっぱり竹林がすごく広がっているなということは感じます。でも竹ってもともと日本にないものなんです。

宮田：そうなんですか。

三浦：竹は外来種なんです。生態系には組み込まれていないんですよね。だから日本にはパンダがいないですし。昔は、とてもありがたい竹を育てる竹林だったのが今は切らなくなったことでどんどん広がっていて。昨日も周防大島の森を歩かせてもらって「あの竹を切るともっと水が多くなるよなあ」と思う箇所もありました。

宮田：なるほど。竹がない森のほうがやっぱり水が多くなるんですか？

三浦：圧倒的に森の保水力が変わってきます。全然桁が違うと思いますね。

明治時代に生態系の頂点であった狼がいなくなり、日本社会が少子化、高齢化している影響が今すごく森に現れていると思います。今後の森を考えると、やっぱり森を構成する植物の種類の数は減っていく可能性が高まっていると思いますね。それでもたまらないのは、森は森であり続けると思うんです。若手の芽も元気に生えてくる。そこでどう向き合うのか。森を見ていて、結局は我々人間の問題でもあるんだなと思います。

でも、そもそも僕が森の全てを解釈するのは無理があると思いますし「そんなのお前ごときにわかられてたまるか」という森のツッコミが常に聞こえてきます（笑）。

森を語るっておこがましいことなんだ、ということをどんどん感じるようになってきて。だから僕は最近「森のパシリになりたい」と思うようになってきました。「三浦ジュース持ってこい！」「はい！　わかりました！」みたいな。

宮田：パシリって、いいですね。すごく謙虚でもある。

「目の前のことを大切に積み重ねていく」

——三十年後と聞いて、何を思われますか？

宮田：三十年後……。自分としては、「一日一日、目の前のことにしっかり向き合って大切に積み重ねていく、大切に生きていく」ことが今の自分にできることではと思っています。その一日一日が積み重なった三十年後は、なんか良い形なんじゃないかな。と思います。それが大切だと気付かせてもらったのは、ある生徒の行動がきっかけでした。

学校に勤めていたとき、話すことが難しい生徒がいたんです。コミュニケーションは絵カードを使っていました。卒業式の予行練習をしていたときのことでした。たくさんの生徒はいるし、非日常だし、不安や何らかの恐怖があったと思います。そういった状況の中で、その子がすごくパニックになってしまいました。本番の日もやっぱりそわそわし出したので無理せんでいいよ、教室に帰ってもいいよって私は教室の絵カードを指差したんです。でもその生徒は（卒業式の最後の）校歌のカードを指して、ここまで、卒業式の最後まで居るって。私はその時、本当に感動しました。「複雑なことが起きている時は、いろいろ考えてしまうけど、目の前のことを一つ一つやっていく」ということですね。生徒からそれを教えてもらいました。そういうふうに毎日を積み重ねていければいいなって。その三十年間って大きいと思いますね。

今回三浦さんにいろんなことを教えていただいて、軽々しく木は切れないと改めて思いました。

今まで開墾のために木を切ってきました。木を切る前は、本当にありがとうねと話しかけながら切るんですけどね。でも最近はもっと長くなって「何のために切るのか」も木に話しかけています。ここは畑にしたいから陰になるから切らせてね、という感じで。

三浦さんから今回新たに教えてもらったことを噛み砕きながら、一つ一つ自分の中で木と向き合いたいなと思っています。三浦さんにお会いできたこの先三十年と、会えないままの三十年はやっぱり相当違うと思います。ありがとうございます。

三浦：ありがとうございます。光栄すぎて顔が引きつります（笑）。

保守という言葉があるじゃないですか。保守って言うとやっぱり〝保守政党〟のような権力のイメージもあると思います。でもそれは本質の意味で保守なんだろうかって最近少し疑問なんですよね。そもそも漢字をみると保守は「保って守る」と書きます。

漢字はもともと宇宙、地球、万物を見て生まれたものですよね。それがいま、人間界の中で意味を狭めすぎているように感じます。昨日も周防大島の森を歩きながら改めて思ったんですけど、森こそが保守だなって。

三十年後の日本は、山に向かって「いつも保って守っていただいてありがとうございます」という意味で「保守」という言葉が使われていたらいいなと思いますね。

宮田：なるほど。本当にそうですね。

若い時は私もトラクターを普通に使っていたんです。そのときは仕事が終わると、こんなにもやってやった！　と自分が主語になっていたんですよね。でも機械とか道具を一つ一つ手放して人力でやるようになると、本当にもう、自然と感謝の気持ちが出てくるんですよ。無事に仕事が終わってくれたこと。野菜が元気に育っていること。手放せば手放すほど、いろんなことを感じるようになりました。

「生きているし生かされている、生かされているけど、自分も生きている」。本当にそう感じますね。

いつからでしょうか、今は仕事が終わり畑を離れるときは「ありがとうございました」とつぶやくようになりました。

宮田正樹（みやた・まさき）

一九六六年山口県生まれ。「野の畑　みやた農園」を周防大島で営む。これまで『ちゃぶ台創刊号』『ちゃぶ台 Vol.2』『ちゃぶ台 Vol.4』『ちゃぶ台7』『ちゃぶ台8』（中村明珍さんエッセイ内）、『ちゃぶ台10』にご登場いただいています。

三浦豊（みうら・ゆたか）

一九七七年京都府生まれ。森の案内人、庭師。森のサロン「森と〜」を主宰。著書『木のみかた――街を歩こう、森へ行こう』は、読めば身の回りの木の見え方がガラッと変わってしまう、ミシマ社のロングセラーです。

声がやってくるところ
（エッセイ）

中村明珍

今年、四年ぶりに周防大島町議員の選挙がある。そのために集まった小さなミーティングで、選挙に慣れている長老的存在・Kさんから発言があった。

「二十年後、三十年後を見据えて、考えて、投票してもらうということが大事です」

さらに間髪《かんはつ》をいれず、

「ただ、悲しいことに、実際に票を持っている人っていうのは二十年後、三十年後は、ほとんどもうこの世にはおらんのです」

と続いた。そうなんよ、と長老世代の人たちは苦笑い。このミーティングでは老若男女から意見が出ていたけれども、この一言のあとはしばし沈黙が流れた。悲しいけれど、考えさせられる。

僕が島に来た十年前には一万八〇〇〇人あまりいた島民も、二〇二四年の時点で一万三〇〇〇人台となっていて、十年で五〇〇〇人も島からいなくなっている。

山口県庁に聞いてみたところ、県全体での高齢化率は三五・三%、全国三位なのだそうだ（二〇二三年十月一日、総務省統計局の人口推計より）。そして、県内の市町村で一位の上関《かみのせき》町《ちょう》に次いで二位を走るのが周防大島町。県の推計では、五五・七%（同日付）だということで、島民のうち六十五歳以上の方々が半数以上にのぼることになる。ちなみに東京都の推計によると、東京全体では二三・五%（二〇二三年九月十五日）で、世界という単位だと、二〇二〇年の時点で九・三%なのだとか。全然違う数字だ。

島に視点を戻せば、わが家の子どもたち二人はそれぞれ小・中学校の統合を経験して、島の人口減少の現実を目の当たりにしている。

といいつつも、人口という物差しはなんだか塊《かたまり》に見えてしまうので、気をつけたいといつも思う。一人一人の、信じられないくらいさまざまな生き方がある。子どもも減っていくかどうか本当はわからないのだけど（なにかの事情で増えるかもしれないし）、ひとまず、現時点での将来の見通しのもとで、僕たちはときに大きめの変化を選択する。たとえばさっきの「学校の統合」のように。

それにしても、さっきのミーティングでの〝悲しいこと〟。人口に占める割合もさることながら、さらに「積極的に投票に行く」のも半数以上を占める高齢者の人々だ。一方の子どもたちは選挙権を持っていない。ということは、「今の子ども――二十年後、三十年後を生きるはずの人たち」は、「年長者――未来にはいない人」に、今、委《ゆだ》ねなければいけない。これが選挙というものなのか。選挙という仕組みがこのままでいい気がしなくなってきた。今さらながら。

この仕組みのままだとすると、今、委ねられている立場の年長者は、子どもや孫の世代まで想像力を羽ばたかせないといけない。たとえば気温の上昇だって、年長者もすでに体感しはじめているほどで、三十年後は今とはもっと違うだろう。

ちなみに、今住んでいるもっと小さい単位の集落は、十年間で五〇人以上減って、現在の住民は一〇〇人未満。ここでは町内会的な会議である、「自治会総会」が毎年開かれる。これまで参加の義務があるのは各家庭の代表者だけだったけど、昨年からは基本、全員参加となった。なんと〇歳児でも選挙権があるのだ。それいいの？　とびっくりした。実際にわが家の子どもたちは委任状を出すことしかできなかった。

　でも、さっきの「悲しさ」から出発して考えると、かなり不完全ではあるけれど、小さな地域では悪くない試みなのかもしれないと思った。「誰もが地域の参加者だ」という目線。子どもだけでなく、さまざまな立場の人、地域に棲むさまざまな生き物や非生物の声を聞く。想像力を広げる。その姿勢をとる、足掛かりになるのでは。

中村明珍（なかむら・みょうちん）

一九七八年東京都生まれ。ロックバンド「銀杏ＢＯＹＺ」などのギタリストとして活動後、山口県の周防大島に移住。農家、僧侶、イベント企画者などとして生活。著書に『ダンス・イン・ザ・ファーム　周防大島で坊主と農家と他いろいろ』（ミシマ社）。ウェブ雑誌「みんなのミシマガジン」で「ダンス・イン・ザ・ファーム２」連載中。

三十年後の僕へ、
（エッセイ）　あるいは君へ

内田健太郎

元気にやっていますか?

あなたがこの手紙を読んでいるのは二〇五四年のはずです。そちらはどんな様子ですか?

『ブレードランナー 2049』すらも追い越した時代なのだから、今の世界からはとても想像のできないようなテクノロジーの中に生きているのでしょう。

今現在四十歳の僕は右肩や左膝が最近どうも痛くて気になっていますが、七十歳になったあなたはどうですか? もはや痛みのない世界に暮らしているのですか? 機械の体は手に入れましたか?

それよりももっと聞きたいことがあります。本当は聞きたくないような気もしています。薄くなりはじめている頭髪の調子はどうですか?

もしかしてツルツルでしょうか? かろうじて残した波平スタイルでしょうか?

それともそんな人はもう二〇五四年にはいないのでしょうか? 髪型なんていくらでも思いのまま。もしもそんな世の中になっているのだとしたら、僕は是非ともアフロヘアーを希望したいと思います。


こうして書きはじめてみましたが、ふと疑問が浮かびました。

あなたは生きていますか? もしかしてとっくに空の上ですか?

いくら養蜂家に長生きの人が多いとはいえ、人の寿命なんてわからないものです。

では、そうですね、この手紙を受け取るのは僕の孫ということにしましょう。
つい先日、小学校卒業の日を迎えた僕の娘が、あなたのお母さんです。
そうです、この二〇二四年の世界ではあなたのお母さんは十二歳。今まさに中学生になろうとしているところです。反抗期です。何一つ言うことは聞きません。僕はとても手を焼いています。部屋も大変に汚いです。筆舌に尽くしがたいです。鼻をかんだティッシュもそのままだし、至る所で鼻くそを穿《ほじ》っては投げております。その上、漢字も苦手です。この前なんて国語の答案用紙に「総理大臣」を「損理大臣」と書いて帰ってきました。一応報告しておきます。

そんなあなたのお母さんの卒業式で僕は不幸にも、保護者の代表としてスピーチをすることになってしまいました。なぜなのかまったくわかりませんが、気がつくとそう決まってしまったのです。

何を話すべきなのか、何を話したらいいのか、当日の朝になるまで何も浮かんでいませんでした。僕は朝五時に起きて必死に考えました。そして全校生徒の見守る中、卒業生一七人の前で話をしたのです。

せっかくなのでそれを今からあなたにも伝えておきたいと思います。

「六年生のみんな、卒業おめでとう。来月からは、みんないよいよ中学生ですね。
そんなみんなに質問してみたいと思います。中学生とは大人でしょうか、それとも子供でしょうか?

大人ではないですね。お酒を飲むことはできないし、タバコも吸うことはできません。ですが、少し時代を遡《さかのぼ》って江戸時代を考えてみましょう。江戸時代では十五歳を迎えると元服という成人式があったそうです。そう、つまり、昔は十五歳で大人として認められていたということです。

ですが今は、時代は令和。もちろん中学生は大人ではありませんが、子供でもないと僕は思います。子供から大人になろうとしている、とても大切な時期です。それはチョウなどの昆虫でいえば、蛹《さなぎ》になる時期かもしれません。立派な羽を生やした成虫になって、飛び立っていく準備のための時間です。

僕にも、君たちのお父さんお母さんにも、あなたたちと同じ十二歳だった頃がありました。僕の場合、それは今から約三十年前です。

三十年前の世界はどんな世界だったでしょう。

それは今とはまるで異なる世界でした。スマホはありません、というか携帯電話がそもそも普及していませんでした。パソコンもまだとても珍しいものでした。あるのは家の電話くらいです。Switchはもちろんありません。まだスーパーファミコンがあるだけでした。十二歳の僕の宝物はどこでも音楽が聴けるカセットウォークマンでした。

YouTubeもインスタもあらゆるアプリももちろん存在しませんでした。この三十年で、驚くほど世界は変わったのです。

現在、世界には一万以上もの職業がありますが、その多くはこの三十年の間に生まれたものです。

ではこれから先の三十年はどうでしょうか？

三十年後の二〇五四年、そこはどんな世界になっているでしょうか？

それは誰にもわかりません。

未来は誰にもわからないのです。

みんながこれから先、生きていく未来の世界。

そこがどんな世界になっているのか、その答えを知るのは神様だけです。


夜の海を想像してください。

そこにみんなはそれぞれ、自分の船で旅に出ます。乗組員はあなた一人だけです。

どちらに行けば、いい未来が待っているのか、そう聞かれたところで僕にはわかりません。先生にもわかりません。

その答えを知っているのはあなた自身です。あなただけがその答えを知っています。


みんな、将来の夢はありますか？

ある人もいれば、まだよくわからない人もいるでしょう。

はるか昔、旅人は星を頼りに、海の上を何千キロも旅したそうです。

北極星やオリオン座の光を頼りに、自分の行くべき方角を見定めることができたのだとか。

夢とは、この旅人にとっての星のようなものだと思います。
星が見えている人は、どうかその方角に全力で突き進んでください。
だけど、いつも星が見えているとは限りません。
ある日天気が悪くなるかもしれません。
霧が立ち込めて何も見えなくなるかもしれません。
あるいは嵐が巻き起こって、船が沈みそうになるかもしれません。

そんなときは、どうか自分自身に聞いてみてください。
あなたはどんなときに喜びを感じますか？
あなたは何をしているときが楽しいですか？
あなたはどんなときに一番ワクワクしますか？
あなたは何が好きですか？

星を見失ってしまったとき、暗闇の中でこそ、自分にその質問をしてください。
それはあなたにしか見つけることのできない道です。
どうか何かを好きだという気持ちを、恐れずに持ちつづけてください。

その気持ちはあなただけのものです。そして、その気持ちこそが、きっと暗い海の上でのコンパスになります。


さて、長くなりましたが、今日僕はここに保護者の代表として立っておりますので、あと一つだけみんなに伝えておかなくてはいけないことがあります。

みんな、自分のお父さん、お母さんの顔をよく見てください。


これから先のあなたたちの人生に、私たち親が望んでいることがあります。

それは世界中のすべての親が、子供の寝顔を見ながら願う、たった一つだけの望みです。

あなたたちに幸せになってほしい。

それだけを望んでいます。

今話してきたように、あなたたちがどうすれば幸せになれるのか、それは私たちにもわかりません。それはあなたたち自身で見つけていかなくてはなりません。

だけどどうか忘れないでください。

この先、どんな世界になろうとも、私たち親は、永遠にあなたの味方です。

それは何があっても変わることはありません。

どうかそのことを一生、忘れないでください」

というような感じで、僕は話しました。

ガチガチに緊張してはいましたが、なんとか無事に最後まで話し通しました。

そしてその日の夕食のときです。

僕のメッセージは子供たちに少しでも届いただろうか。そう心配していた僕に向かって娘、つまり、あなたのお母さんはこう言ったのです。

「お父さんの話が長すぎるけえ、ようわからんかったわ。江戸時代がどしたん？　江戸時代って三十年前なん？」

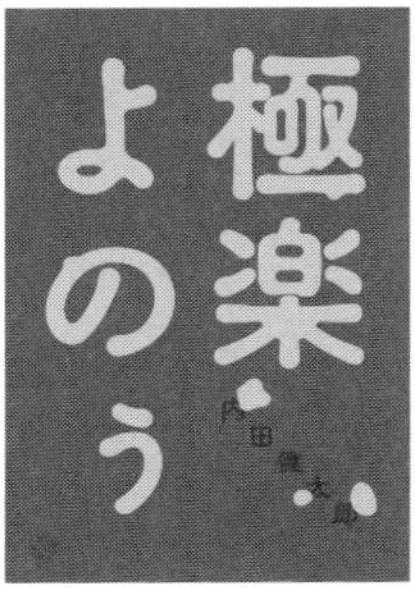

内田健太郎（うちだ・けんたろう）
一九八三年神奈川県生まれ。東日本大震災をきっかけに、周防大島に移住。養蜂家。みつばちミュージアム「ＭＩＫＫＥ」代表。二〇二〇年より、周防大島に暮らす人々への聞き書きとそこから考えたことを綴るプロジェクト「暮らしと浄土ＪＯＤＯ＆ＬＩＦＥ」を開始。二〇二四年六月に、ちいさいミシマ社よりエッセイ集『極楽よのぅ』を上梓。

連載

「総合雑誌」ちゃぶ台が誇る、
執筆陣の方々。
ジャンルを超えて、
最高級の「おもしろい」がここに。

伊藤亜紗
斉藤 倫
齋藤陽道
榎本俊二
藤原辰史
益田ミリ
平澤一平
尾崎世界観
寄藤文平

会議の研究（4）

（論考）

福祉事業所の合意未満

伊藤亜紗

バラバラの椅子

今回とりあげるのは、ある福祉サービス事業所の会議です。主な利用者は、重度の知的障害がある人たち。モノへのこだわりがある利用者さんとスーパーに買い物に行ったり、運動が不足しがちな人を散歩に連れ出したり。家庭状況や健康具合にも目を配りながら、生活介護を中心としたサービスを提供することが、福祉事業所としての目的です。

一方でこの事業所では、障害のある人たちが過ごす施設を、地域の文化発信の拠点としても開放しています。つまり、福祉事業と連動する形で文化事業も行っているのです。音楽のライブや対話のイベントなど、福祉サービスの利用者でない人も施設に出入りできるような機会がたくさん設けられています。

会議が行われたのは、まさにその文化施設としての顔も持つ、でもふだんは利用者さんたちが過ごしている建物の一階でした。商店街の一角にある建物はガラス張りで、高い天井にはパーティーのような三角旗が渡り、ビニールテープで作ったらしい青いピカピカのエイが空中を泳いでいます。壁には、カラフルなチラシや謎の金言が記された書が。棚の上からは、美容師が練習台に使うような頭部だけのマネキン約二〇体がこちらを見下ろしています。聞けば以前寄付されたものだそうで、利用者さんが髪をとかして楽しむほか、「こだわり行動がやめられなくなった人がいたときに、支援者がかつらをかぶって現れる（気をそらしてこだわり行動をやめさせる）」という使い道もあるそうです。

見学させてもらったのは、スタッフさんたちによる定例の全体ミーティングでした。参加者は全部で一七名（一名はオンライン参加）。丸椅子に会議椅子、キャンプ用の椅子などバラバラの椅子に腰掛けたメンバーたちが、三つのテーブルを囲むような、いや囲んでいないような配置で散らばっています。ミーティングはいつも最低四時間とのこと。定例会議としてはかなりの長丁場です。前半は直近二週間のふりかえり、後半はトピックを決めて運営に関わる議論が行われると教えてくれました。

今思えば、このバラバラな椅子や座り位置は、この会議の質をかなり正確に表していたように思います。というのも、このミーティングはまるで、合意に達することを全力で回避しているような会議だったからです。

別に意見が対立しつづけるような険悪な会議だったわけではありません。「それについてはこうなんじゃない？」とかぶせるようにみんなよくしゃべるし、お菓子をつまみながら、和気藹々《わきあいあい》とした雰囲気で会議は進んでいきます。

でも、「では、次はこういうアクションをしよう」といった団結には至らないのです。むしろ、意識的にそれを避けようとしているように見える。何らかの合意が形成されそうになると、それに従わなくてもいいという可能性を確認するような声が、かならず上がるのです。いっしょに、バラバラでいるための会議。その「合意未満」のスタイルゆえ、この会議は終始どこかミーティングらしからぬミーティングだったのでした。

Mさんの「威嚇行動」

まず前半のふりかえりパートでは、「児童」「大人」などカテゴリー順に、利用者ひとりひとりについて、最近二週間の様子を順番に報告していきます。

「Kさんはてんかんの薬が増えました。親御さんから副作用があるかもしれない、ということでしたが、前回は服用の翌日だったので変化がなかったです。週一ですが来るので様子を見てください」

「去年の夏頃利用していたLさん。フェイドアウトするかと思ったら、三月に利用したいとの連絡がありました。シフト出ちゃってるので難しいかなと思うんですが、この日は可能かなという日をお伝えしたいと思います」

報告は、利用者さんごとに決められた担当スタッフが行います。スタッフによって、ファイリングされたカルテのようなものを見たり、パソコンのデータを参照したり。ここでも報告のスタイルは人によってさまざまでした。

司会役は、この事業所の施設長であるAさんです。自身も重度の知的障害がある子どもの母親で、その葛藤のなかから事業を立ち上げ、二十四年にわたって活動をつづけてきました。Aさんはスタッフたちの報告を自分のノートに転記しつつ、「じゃ、それでいいか」「はい、じゃ次」と、どちらかというとサバサバした調子で会議を進行していきます。

とはいえ、このふりかえりパートが、一方的な情報伝達を目的とした純粋な報告であったかというと、そうではありませんでした。あるスタッフが報告したことに対して、別のスタッフから「それはこういうことなんじゃないか」とコメントが入り、そこから応酬が生まれる、というやりとりに展開することもあったのです。そして、「合意未満」のスタイルは、まさにそうした場面において発揮されていました。

たとえば、Mさんという男性の利用者さんのケース。特に問題はない、という担当スタッフBさんからの報告に対して、別のスタッフから「ちょっと気になること」として「Mさんの威嚇《いかく》行動」が指摘されます。

そのスタッフが言う「威嚇行動」とは、「施設のスタッフが送迎とかで誰も対応ができない状況だったとき」にMさんが見せた「ドアをガンガンと叩く」というような行為のこと。「外出したいのに思いどおりにならない」といったことがあると、怒ってしまったり、モノにあたってしまったりする傾向がMさんにはあります。問題提起したスタッフも「本気で叩こうとしていたわけじゃない」ことは認めつつも、それは「威嚇行動」であり、毎回希望を叶えられるわけではないから「難しいなという気持ちがある」と懸念を投げかけます。

これに対し、別のＣさんという女性スタッフが、まったく別の視点からＭさんの行動を分析しはじめます。彼女には、Ｍさんの行動は「威嚇」ではなく「ちょっかい」と映っていました。「ちょっかい出されることがあるけど、うれしいなと思っていた」。「仲間と見ればかわいい」。彼女のとなりにいたスタッフも「おもしろいですよ」とこれに同意を示します。「威嚇」と見るならばＭさんの行動は感情の爆発ないし一方的な脅迫ですが、「ちょっかい」と見るならそれも彼なりのコミュニケーションの方法と解することもできます。

すると最初に報告をした担当スタッフのＢさんも、このＣさんの「ちょっかい説」に同調しつつ、Ｍさんの行動をあくまで「コミュニケーション」として受け取るのがよいのではないか、と提案します。「威嚇行動といっても、表現ができないというだけだ」。「『ほんとは行きたいんだけどな』と言ってるっていうふうに翻訳して聞いてもらえればいい」。コミュニケーションであるかぎり、大事なのは行動そのものではなく、それを通してＭさんが伝えようとしている意図です。「『やめろ』と言ったほうがいいけど、重大にとらえすぎるとコミュニケーションがずれていく」。

この担当Ｂさんの解釈にさらに同調するように、Ｃさんは「待つ」という別の関わり方を提案します。「Mさんはずっと待ってると何か言ってくれる」。しかし、担当Bさんは、これには同意しません。なぜならBさんにとって、Mさんとコミュニケーションをとることは、必ずしも「言葉」を通じてMさんの本心をとらえるということではないからです。というのも、担当のBさんは「（Mさんの）言うことは嘘が多い」ということを知っているからです。たとえば怒った理由をMさんに聞くと、「Tくんを起こそうと思って」といった返事が返ってくる。怒りから出た行動であったはずなのに、よかれと思ってやった、というふうに話がすりかわってしまうのです。だからこそ、Mさんとのコミュニケーションは、言葉を待つのではなく行動から意図を読み取ったほうがいい。Bさんは、そう考えています。

すると「待つ」を提案していたCさんは、そんなことは知らなかった、と笑いだします。「不器用なんだなって信じてたのに（笑）」。ここで「利用者とスタッフ」という関係に重ねて、「男と女」という色っぽい関係が立ち上がります。施設長のAさんが言うとおり、おそらくMさんは「女性のあしらいが上手」なのでしょう。

でもCさんは、Mさんの言葉が信用できないという事実を知ってもなお、半ば「女」の役を演じながら、「それで関係がうまくいっているなら騙されつづけてもいい」と、答えます。反論するわけではなく、自分はそれでうまくやってきたのだから、事実を知ってもなおMさんとの関係を変えるつもりはない、と「自己流」を通すことを宣言するのです。

これは明らかに、今後のMさんとの関わり方の方針について、スタッフ間で合意することを避ける発言です。しかし、担当のBさんも、「やっぱり騙されるのはよくないよ」などと咎《とが》めることはしません。むしろ「本人を変えようと思っても無駄」とこれに同意するような発言をするのです。施設長のAさんも最初は「Mさんにはいろいろ問題がある」との見解を示していましたが、最後には「いろんな人がチャチャを入れるといい」と結論を出さないままこのトピックは終了しました。

一つに決めることの危うさ

このMさんをめぐる一連のやりとりは、最後だけ見ると、何も変えないということに落ち着いたように見えます。明らかに、ここでは結論として何かが合意されてはいません。「Mさんの威嚇行動」というトピックに対して、いろいろな意見は出たものの、スタッフ間で共有された何らかの具体策が出たわけではありません。

ここにあるのは会議というよりは限りなく雑談に近い、Mさんの行動に対する「各人の解釈の持ち寄り」です。思い出すのは、この連載の最初の回でも紹介した、戦前のよりあいの様子です。宮本常一《つねいち》が分析したように、村のよりあいでは、特定の話題に対して、「理屈をこねる」のではなく、「自分が知っている事例をあげあう」ことによって話し合いが進められていました。宮本の表現によれば「話に花が咲く」状態。Mさんをめぐる話し合いでも、さまざまな人がそれぞれの視点からMさんについてのエピソードを話し、解釈を持ち寄っています。

ただし、その目的はかつてのよりあいとは違っているように思います。よりあいで理屈をこねるような話し合いをしないのは、あくまでメンバーシップが固定された村社会のなかで、不要な対立を避けるためでした。一方、この福祉サービス事業所が解釈を持ち寄るスタイルをとるのは、会議に参加しているメンバーの関係を維持するためというより、話されている話題の特殊性に起因するものです。つまり、重い知的障害がある人の支援について話しているからです。

この点に関しては、実は事前にAさんがメールで情報をくれていました。そこにはこう書いてありました。

重度知的障害者といった「私はこうしたい」という主訴がはっきりしない人たちのケアの上で、なるべく多くの人がかかわりながら、そこにある本人の意思を多角的に判断していこうとしています。

同じ利用者の行為でもスタッフによって感じ方が違います。誰かにとって正しいことが誰かにとっては悪かもしれない。

人の見え方もいろいろあるのが社会だと思います。

（伊藤宛のAさんのメールの文面より）

重度の知的障害がある人は、どのような意思を持っているのか、外から把握するのが必ずしも容易ではありません。ご飯を食べないという行動ひとつとっても、それは他にやりたいことがあるのかもしれないし、メニューに飽きているからなのかもしれない。そんな相手と関わるうえで一番危険なのは、「○○さんのこの行動は××という意味だ」と一方的に決めつけ、その意思を介助者が代弁してしまうことです。だからこそ、効率は悪くても、いろいろな視点から、××かもしれない、△△かもしれない、と多面的に解釈しつづける作業が重要になってくる。言い換えればそれは、常に「分からなさ」の余地を残しておくこと、「間違っているかもしれない」というためらいを残しておくということです。

そのために、この施設では、ひとりの利用者さんに対してなるべく多くのスタッフが関われるような体制にしてあります。「大人」「児童」などさまざまな現場を、スタッフが回れるようなシフトを組んであるのです。もちろん、福祉制度のルールに従って、それぞれの利用者さんに対する担当者は決まっています。今回の報告も、それぞれの担当者によってなされていました。その上で、担当者以外の人もその利用者さんと接する機会が増えるように、工夫がされているのです（偶然かもしれませんが、上記のAさんとのメールのやりとりも、スタッフ全員が見られるアドレスを介してなされていました）。

この事業所の会議が合意を避けているのも、まさに同じ理由からです。合意することこそ最も危険である。重度の知的障害がある人たちとの関わり方について話し合う場所だからこそ、合意は避けなければならないのです。

個別支援計画

興味深いのは、この会議においては、話題が利用者さんの行動解釈とは直接関係のないことに及んだときにも、合意を避ける姿勢が一貫して見られたことです。一つにまとまること、枠におさめること、納得すること。そうしたことを回避する姿勢が、このあとの時間もずっとつづいたのです。

以前、ある製薬会社の方から「扱う商品の性質がその会社の風土を決める」と聞いたことがあります。薬剤を扱う会社は事故を避けるために官僚的な体質になりがちだし、逆に遊具を扱う会社は組織そのものや社員そのものにもあそびがなくてはよい仕事ができない。おそらくこの事業所においても、重度知的障害者の支援を行っているということ、そしてそれをどのような仕事としてとらえているかについての彼らなりの理解が、会議のやり方そのものに表れていたように思います。

それはミーティングも後半になったときでした。後半の話題は、個別支援計画書の書き方について。

「個別支援計画書」とは、国が福祉サービス事業所に作成を義務付けている書類です。利用者ごとに作られるもので、「サービスに対する利用者や家族の希望」「希望を叶えるためにめざすべき総合的な目標」「目標を達成するために必要な支援」などを書き込みます。こうしたものを、この事業所では半年に一度作成しています。

提案は、施設長のAさんからのものでした。Aさんは、個別支援計画書をもっと施設の活動の実態に即したものにしたいと考えています。その背景にある問題意識はこうでした。

この事業所では、福祉事業と文化事業を行っている。しかし、個別支援計画書では、福祉事業のことだけが主に書かれていて、二つの事業が分離してしまっているように見える。自分自身、これまで文化事業の主体はスタッフだと思っていた。なぜなら、文化事業では、障害のある人との関わりのなかでスタッフが感じたこと、たとえば多様性がいかに必要かといったことを、社会に訴えかけることが目的だと考えていたからだ。しかし、実は障害のある人たちこそが文化事業の主体なのではないか。障害のない人に対して、障害について伝えているのは彼らである。そのことを、個別支援計画にもりこむことはできないのか。これまでも「○○というイベントに参加します」ということは書いてあったけど、「○○で障害について伝えにいきます」という書き方もできるのではないか。

さて、スタッフたちからまず寄せられたのは、個別支援計画書を作成すること自体の難しさについてでした。難しさは、どうやら「個別」「支援」「計画」のすべてにあるようでした。

まずは「個別」について。言われてみれば当たり前ですが、施設で過ごすあいだ、利用者さんたちはそれぞれ孤立して活動しているわけではありません。Nさんがいなくなるタイミングで O さんがゲームを始めたり、Pさんの散歩にQさんが同行したものの、Pさんの歩くペースが遅すぎてQさんが怒りだしたりする。スタッフとの関係もあるでしょう。さらに、イベントなど事業所全体として行っている取り組みもあります。こうした取り組みのなかで、個々の利用者さんの様子が変わることもあるでしょう。

次に「支援」について。個別支援計画書は、「○○ができるようになる」という目標のためにその利用者さんにどんな支援ができるか、という形で計画を書き込まなければなりません。しかし、そもそも重度の知的障害がある人たちは、「○○ができるようになる」のような単純な成長を前提としたモデルにのっとって生きてはいません。独自の審美眼でひたすら石を集める人。パンツにひたすらシールを貼りつづける人。社会がそれを意味のないこと、あるいは問題行動だと判断するならば、むしろそこに意味を見出せない、あるいは問題だと考える社会の価値観や制度のほうに課題があるのではないか。障害の社会モデル的な視点に立つならば、障害は社会の側にあるのであって、むしろ支援しなければならないのは社会のほうだということになります。施設長のAさんが、個別支援計画書に文化事業も含めたいと言うのも、この点に関係しています。

そして「計画」。そもそも利用者さんたちは、前もって行動を予測できない度合いが高い人たちです。そのような人たちを、決めた計画に沿わせるようなことをしてしまったら、本末転倒になってしまう。だからこそ、スタッフの関心は、事前の計画よりも、実際に起こったこまごましたことを記録に残すことのほうに傾いています。実際、事業所は広報に力を入れていて、サイトで動画や日記を公開したり、充実した報告書やパンフレットを作成したりしています。でもだからこそ、個別支援計画書の内容を、こうしたコンテンツのなかで記録されていることや、そこから見えてくる施設全体のあり方にリンクしたものにするべきではないか。Ａさんはそう考えています。

枠組み的なものとの付き合い方

スタッフたちが口にする個別支援計画書の難しさを聞きながら、Ａさんを中心とした数名のスタッフが、具体的な改善案を提示します。

まずは、個別支援計画書の表面と裏面を使い分けるという案。裏面は共通項目とし、施設として行っている文化事業をあらかじめ印刷しておきます。個別の利用者さんに対する支援ではないこと、つまり「集団」「社会」に対する支援を裏面に一括で記載しておくのです。個別の利用者さんに対する支援は、表面に記入します。

もう一つは、個別支援計画書を映像で作るという案。映像なら人と人の関係を表現することができるし、こまごました出来事も記録に残すことができます。発想のきっかけは、直前で報告があった、映像を通して障害について考える研究会の内容でした。

こうした改善案は出たものの、全体としてはみんなあまりＡさんの提案には乗り気ではない様子でした。あるメンバーの発言を借りるなら「すごく共感するんだけどつかめない」。「諦めと発展しない部分と気持ちが分かる部分がある」。

実は、個別支援計画書を改善する話は、以前も何回か話し合われた議題なのだそうです。そのときの議論の積み重ねもあり、何となく「諦めムード」が漂っている。個別支援計画書に課題があることは認識していても、それを改善することに対しては二の足を踏んでいるスタッフが多いようでした。その理由を、たとえばスタッフのDさんはこう説明します。

> そもそも個別支援計画書って、今やっていることをケアサービスという枠組みにあてはめて、そこにお金をもらうためのツールでしかないわけで、それの書式を問うていても、あまり（現場との）接点がない。じゃあ（利用者とスタッフは）ただの友達なのか、（スタッフがやっていることは）ボランタリーなのか、という話がしたいわけでなかったりするわけじゃないですか。なので、お金をもらうためにある、と割り切る。問題設定を疑ったり石を投げるために書くのではない。ただまあ、せっかくやるんならどう書くかということをいろんな人と話して考える機会にする、っていうことなんじゃないかな。書式うんぬんじゃなくて使い方を工夫する。おしゃべりをする機会は大事だから、その機会として使っていく。

Dさんの意見は、一言でいえば「割り切ったほうがいい」です。個別支援計画書は、あくまでこの事業所でやっていることを行政の枠組みにあてはめて記述するための書類なのだから、何かを批判したり、自分たちの思いを主張したりする場所ではない。だから、これからも粛々《しゅくしゅく》と作成すればよく、それを改善するために時間と労力を費やすことには意味がない。今回の会議のように、個別支援計画書をめぐって議論することが大事で、そのきっかけとして使えばよいのではないか。そう考えています。

Bさんも「支援計画は最低限でいいじゃん、と思う」とDさんの意見に同調します。Bさんがあげる理由は、「見る人が限られているから」。確かに、「自分たちが支援という制度のうえでやっていることと、そうじゃないことが、うまくリンクしていないという状況が、書類がまとまれば解決するというのは分かる」。でも、現実問題として、個別支援計画書を見るのは、「本人と本人の家族と監査をしにくる行政の人だけ」。だったら、そこに注力するよりも、報告書に注力したほうがよいのではないか。

他のスタッフからも、「割り切り」に同意する意見がつづきます。具体的な割り切り方の例としては、「一回丁寧なのを作って、あとは『継続』と書くことにしている施設もある」。「きわめて事務的に表現するということは変わらないですね。分かってほしいけど分かってほしくない。何にもならない」。「好きに書けばいい。小説みたいな感じだっていい。どんな枠があっても好きに書けばいいと思ってる」。

ここで議論の的になっているのは、抽象的にまとめるならば、「枠組み的なものとの付き合い方」でしょう。個別支援計画書は、象徴的な意味でも、実質的な意味でも、国が想定する福祉サービス事業の枠組みを形にしたものです。だからこそ、それを作成するときに、国が考える福祉のイメージと、施設がめざす福祉のイメージのあいだの「ずれ」を実感することになる。このずれを埋めるのか埋めないのかという問題です。

施設長のAさんは、自分たちの実態にあった個別支援計画書は作れるし、作りたいと考えています。枠組みに収まりながら、同時に自分たちらしくあることは可能だと考えている。一方、DさんやBさんは、枠組みはただの枠組みなのだから、個別支援計画書のうえではそれにあわせた振る舞いをし、実質とは切り離して理解するのがよいと考えています。枠組みに対するこうしたとらえ方の違いは、法人を経営する側と現場にいる側という立場の違いも影響しているのかもしれません。

DさんやBさんの立場は、つきつめると、どんな枠組みであっても、それが枠組みである限り、本気では関わらないほうが得策だ、という立場です。Bさんは言います。「既存の福祉の枠組みをもっとだらっとしたものにしたい。目的と計画があって、それに対して働いていくという、かちっとした枠組みではない」。この「だらっとさせる」という表現が何とも秀逸です。偶然の要素を排除し、あらかじめ決められた目的だけに向かって効率よく進んでいこうとする営みを、いかに弛緩《しかん》させ、形なきものへと変えていくか。彼らの会議は、まさにその実践であるように思えます。

通常の会議は、「さまざまな意見を出し合って議論し、合意に至る」という枠組みを持ちます。しかしこの事業所の会議では、繰り返し繰り返し、この枠組みが弛緩させられ、形をなくさせられていくのです。合意の形が見えそうになると、それは誰かによって即座に溶かされ、合意未満の状態に引き戻されるのです。

実際、この個別支援計画書についての議論でも、ある程度話が出尽くしたタイミングで、別のスタッフのEさんがはっきりとこう口にしました。「ここで決まったこともぼく全然守る気ないし、申し訳ないですけど。フォーマットがあったらそれをどう逸脱しようって考えますね」。会議の最中に会議を否定するように見える発言。これにはさすがにAさんも「勝手にやるために議論しているんじゃない」と釘《くぎ》を刺しつつ、その一方で、「どうせみんなバラバラに考えているんだから、共有しておくことが重要」と認めてもいます。

やりがいから自由になる

なぜ枠組みをだらっとさせ、バラバラに考える必要があるのか。そこには、重度知的障害者を相手にしているから、ということには収まらない理由があるように思います。

そのことを考えるヒントとなるのがFさんの発言です。先のEさんの発言を受け、議論を整理しながら、Fさんはこう指摘しました。「みんな私と社会のあいだを行ったり来たりしてる。私も利用者さんも、社会的な存在であると同時に個人的な存在であって、それらは切り分けられない。社会と個人を固定して考えたくない。共通言語に沿って出せるほうがスマートだけど、やれないすきまを見つけて遊ぶことも大事だと思う」。

「私も利用者さんも」というところがポイントでしょう。スタッフである私も、重度の知的障害がある利用者さんも、社会的な存在であると同時に個人的な存在でもある。だから、完全に枠組みのなかで生きる「社会的な存在」に押し込めてはいけない。枠組みに回収されないすきまで遊ぶ「個人的な存在」としての自由も確保しなければならない。

会議は得てして人々に「社会的な存在」であることを要求する場所です。Fさんの発言を参考にするなら、彼らが合意に至ることを避けるのは、枠組み的なものからいつでも抜け出し、個人的存在としての自由を確保するための工夫であるように見えます。それはまるで、みんなが微動だにせず真面目に前を向いて話を聞いているときに、ふいに首を回したり肩を揉《も》んだりして、「この体は自分の意思で動かせるぞ」と確認しているかのような身振りです。そんな「真面目な不真面目さ」が、この会議には漂っています。

しかし、枠組みから逃れようとする彼らの努力は、想像をはるか超えたところまで行き着きます。曰く、「言葉ベースで考えるのはよくない」。これは、会議の終盤、Bさんから上がったものでした。内容的には、前半のふりかえりパートでのMさんについての報告の内容にも通じるものなのですが、言葉を使って会議をするという、誰もが当たり前に依存している枠組みすら疑うとは……。そこまで否定してしまうのか、とちょっと絶望的になりそうな根本的な発言でした。

どこから言葉さえも疑う話になったのか。発端は、やりがいがないと仕事がつづかないから、やりがいを表明できる機会があったほうがよいのではないか、というAさんの発言でした。その発言を受けて、Bさんはこう述べます。

支援会議は自分の価値観を疑う練習をしている。スタッフがやりがいを感じることはよくないことだと思う。それをやっていると既存の福祉の枠組みに巻き込まれていく。そこから抜け出すためにいろいろなことをやっているなという感覚がある。自分がやりたいことを、支援でやっちゃいけないと思ってる。(……)

福祉って言葉ベースで物事を進めていくのはすごく問題だなと思っていて、書類とかって言葉にすると、常識的にいいことしか書かれない。ソーシャルインクルージョンとか、共生がいいよね、健康がいいよね、とかに絡め取られていってしまって、そこを疑わなくなってしまう。悪いことって書けないじゃないですか。でも人の人生ってそういうところもある。書こうとすることでずれてしまっていく性質があるから、いかにわれわれがというか、福祉全体が、そこを抜くかということがもっと必要なんじゃないかな。

言語は、端的にいえば、意味づけのための道具です。言葉ベースで物事を進めていくと、さまざまな営みに意味が与えられます。利用者さんの何気ない遊びも、それに名前をつけて、支援計画書のようなものに書き込もうとすると、外側からそれを意味づけて「よいもの」として扱わなければならなくなる。スタッフのふるまいも、合意することを避け、常に「分からなさ」の余地を残してきたはずなのに、「やりがい」として言語化しようとしたとたん、その曖昧さを消して、「よいもの」として記述しなければならなくなる。

やりがいは意味づけの最たるものでしょう。Bさんは、それこそ「枠組みに巻き込まれること」だと考えています。言葉に頼りすぎると、彼らがやろうとしている福祉から本来そこにあったはずの繊細な襞《ひだ》が消え、「ソーシャルインクルージョン」や「共生」のような大文字の価値に回収されてしまう。

Bさんの発言は、まさに会議の危険性を指摘するものです。もちろん、会議にも非言語的な要素はあります。座席の配置や身振り手振り、あるいは何らかの共同作業が同時になされることはあります。とはいえ、言語的な要素が、あくまで会議の中心であることは否めません。言葉によって資料が作られ、言葉によって意見が交わされ、言葉によって議事録が残される。それは確かに、人間の営みを扱う場としてはあまりに貧困です。営みを細かく観察することよりも、自己満足的な意味づけに終始する会議は山のようにあるでしょう。もちろん、言葉を使って話すことがよくないというわけではありません。それですべてが整理されたと考え、満足してしまうことが問題です。会議を合意未満にとどめておくことは、会議の毒を解毒する仕組みであり、ひいては言葉の力に絡め取られないための工夫であるとも言えます。

もっとも、施設長であるAさんは、Bさんよりは、言葉の力を手放したくないと考えているようにも見えます。Aさんは、みんながバラバラであること、つまり個人的な存在でもあることを認めつつ、社会的な存在であることも大事にしようとしています。Aさんの考えは「バラバラだけど共有」です。会議終盤で、Aさんは次の会議を意識して、こう提案します。「これだけ話したんだから、それぞれ何か落とし込まれているでしょう。だからみんなオリジナルの支援計画を作ってみればいいと思う」。「それで来月か再来月に、スタッフ全員で支援計画発表会みたいなものをやってみればいいんじゃない？」。「みんな、相手がやっていることに興味がなさすぎるよ」。

Aさんからの提案に対して、Cさんから「Aさんは一堂に会するのが好きだけど、話しにくいよ」と反論が。でもAさんは「もうちょっと連携したほうが楽しくなるんじゃないの……」と応じます。こうして、最後まで結論は曖昧なまま、会議の時間は終わりを迎えたのでした。

伊藤亜紗（いとう・あさ）
東京科学大学未来社会創成研究院教授。専門は美学、現代アート。二〇二四年二月、未来の人類研究センター編にて『RITA MAGAZINE　テクノロジーに利他はあるのか？』（ミシマ社）を発刊。主な著作に『目の見えない人は世界をどう見ているのか』『どもる体』『手の倫理』『体はゆく』、村瀬孝生との共著『ぼけと利他』（ミシマ社）など多数。

（児童文学）

三十年

斉藤 倫

「ノックノック」

鉄のとびらごしに、声だけがした。「リョー、いるか」

雑居《ざっきょ》ビルみたいなアパートの、うすぐらいコンクリートの階段とろうかに、ひびく。「ティナァァー、だよー」

ふた間しかない、そのひとへやに、じかに玄関ドアがついてる。新聞うけの穴からも、声がこぼれおちそう。ぼくがたちあがり、だえんのちいさな内かぎを、がちゃりと回すと、いたー、といった。いつのまにか、ゆうがた、になってた。

ティナが、はじめてうちにきたのは、ことし、一九八七年の四月くらい。それから、夜のしごとがはじまるまえに、ときどき、ぼくの顔を見にくる。

ぼくは小五で、学校に行っていなくて、それをしんぱいしてくれてるんだとおもう。

三階建てのダイキョービルの二階。ゲタバキ、っていうらしいけど、一階が、お弁当屋と飲み屋さん。環七《かんなな》から、一本入った道に面している。おかあさんは、そのお弁当屋ではたらいてて、そのとなりにつとめる、ティナとしりあった。だれとでもすぐなかよくなるティナは、すぐに、ぼくにちょっかいを出すようになった。

はでなお化粧《けしょう》をして、肩ぐらいの茶色のパーマの髪。目をぎゅっとさせてから、わはははってわらう。そのフィリピンのひとのはたらく飲み屋では、ぼくらが晩ごはんをたべて、寝るあいだも、ずっとカラオケの音がしてる。夜中まで床下でしているけど、もう慣れてしまって、うるさいってかんじもなかった。カタコトの赤いスイートピーを、おおいときは、一晩で二十回聞いた。

ぼくが、平日の昼もへやにいるので、早めにお店にきたとき、ティナは、遊びにくる。用がないこともあるけど、コンビニにない薬はどこで買うのとか、ちょっとした困りごとを相談《そうだん》された。

「ユー、ビン、キョック」

ティナは、いった。「お金のおろしかた、つきあって、ATM《エリエンム》」

カードで引き出すすじしんがないらしかった。ぼくもあんまりしたことがないけど、おかあさんのを何度か見たのでだいたいわかる。

「暗証番号は？」

「シッテルヨ」

ティナがカードをもってるの、なんとなくふしぎだったけど、気にしないで、郵便局までつれていき、おしえてあげた。

「スゴイネ、リョー。子どもなのに」

それからすごく、ぼくを信用するようになって、なにかと世話を焼いてくれた。ティナは、夜中まではたらいて、明けがた帰り、ねて、またはたらく。ここから電車で四、五十分のところにある、宿舎《しゅくしゃ》のようなとこに、仲間といっしょに住んでるみたい。

「せっかく日本きたのに。観光とかしないの？」

「カンコウはしない。ティナは、リュウガク。文化を見たい。いちばん行きたいのはシブヤ」

なんていってた。それって観光じゃないのかな。

「またずっとうちにいたね。そとに、さんぽ行くよ」

それはもう秋なのにむしあつい日で、効きの悪い窓用エアコンが、うんうんいってた。ぼくは、音をちいさくしたテレビを見ていた。調子が悪くて、室内アンテナのダイアルを、ときどきいじる。テレビでは、天皇陛下《てんのうへいか》が手術したニュースをやっていた。

ティナは、よくぼくを連れ出してくれた。日を浴びたほうがいいといって。環七をわたって、駅のうら手のしょうぶ沼のある公園をいつもあるいた。その日は、高架《こうか》のむかいのCDショップをのぞいて、ティナは、すごくはしゃいでた。

「音楽好きなの？」

「ワタシ、シンガーよ。歌手」

「そうなの？」

目を丸くしたぼくに、ふふんとわらったティナは、つぎの日の夜、「ノックノック」といって、やってきた。

ドアをたたかず、くちでいう理由を、いつかきいたら、リョーのとこはひびくからね、鉄がガンガン音するとこわいね、といっていた。

ふた間とお風呂とトイレしかなく、おくのひとへやには台所が入ってる。玄関のあるへやに、ベッドとテレビとちゃぶ台。折りたためるパイプベッドにぼくがねて、おかあさんは、台所のわきに、ふとんをしいてねるのだ。

ピンクのワンピースのティナは、くつをぬいで、クッションフロアの床にひざをついた。さし出したのは、カセットテープだった。

まるい文字のシールと、きらきらしたペンのまるっこい文字で、カセットのタイトルと曲名がぎっしりと書いてある。もちろんぜんぶ英語だ。

「ワタシ、歌った、Whitney Houston《ウィッツニー　ヒューストン》。ティナのスター」

顔をくしゃっとさせて、照れくさそうに、にーと、わらう。あとで聞いてー、と、ティナは置いていった。じぶんで歌を吹《ふ》きこんだ、オリジナルのテープなんだ。ぼくは、英語が読めなかったし、なんだか、はずかしくて、CDラジカセに入れかけてやめ、じぶんの物入れに、しまってしまった。お店のとちゅうで、ぬけてきたティナは、あまったるいにおいがしてた。

十月になって、ぼくは、二日だけ登校し、また、行かなくなった。

アパートのうら手に、電車の車両《しゃりょう》基地《きち》があって、何本もの線路のうえに、ものすごくひょろ長い歩道橋《ほどうきょう》がかかっている。緑色の高いネットでおおわれて、のびた虫かごみたい。

「あいつあいつ」

のぼっていくぼくを見かけたんだろう、ガンガンと、階段の鉄板の音がして、わっと、三人が、行き先のほうから、あらわれた。なりたと、げんと、しまちゅーだ。呼び名はしってるけど、いちども話したことはない。

「おまえさ」「いつもフィリピーナといっしょにいるだろー」「それで学校こないの?」

はやしたてるように、やいやいわれて、ぼくは、うつむいた。夕方、お弁当を届けるところだった。うちは配達はしてないけど、足の悪いおばあちゃんのおとくいさんに、たまにもってってあげることがある。

「カノジョなんじゃね」

げんは、わらった。

「ちがうよ」

歩道橋のまんなかへんで、追いつめられるようにされた。「いろいろ、にほんのことがわからないから」

ジャパゆき、と、なりたが、いった。「うちのとうさんがいってた。だまされて、売られて、はたらかされてんだって」

「だまされてない」

ぼくは、いった。「歌手をめざしてるんだよ」

「それがだまされてんだよ」

「ちがう」

ぼくは、なりたに、組みついた。お弁当が落ちる。「だまされてたって、だましたほうがわるいじゃないか。なんで、だましたほうが、いばってんだよ」

「は？」「なにいってんの」「おれらだましてねーだろ」

「おまえら、ナニシテルー！」

ティナだった。歩道橋のうしろからかけてくる。なりたたちは、わっといって、はやしながら、のぼってきたほうにもどり、歩道橋をガンガン鳴《な》らしてにげてった。

「だいじょうぶか」

ティナは、お弁当をひろってくれた。鼻息が荒い。「いじめられてたか。あいつら、ブッコロシテやる」

「だいじょうぶ」

ぼくは、いった。声がふるえて、出にくかった。がんばって、ほほえんだ。

「いじめられてないよ。ティナがいってたの、ほんとだった。鉄のガンガンいうの、こわいもんだね」

ティナはそれから何カ月も訪ねてこなくて、興味《きょうみ》ないふりをして、おかあさんにきいた。そういえば、しばらく見ないね、そのうちくるよ、と、いった。

「しんぱいしなくても」

「しんぱいしてないよ」

そのとおり、また、ノックノック、リョーいる？　という声がひびく。もう年末になっていた。

「なにしてた」

「テレビ見てた」

「そとへ行こう」

「行かない」

ぼくは、つよくいってしまった。ティナはすこしひるんで、それから、どうした？　ときく。ぼく、勉強も、運動も、なにもできなくて、学校にも行けない。そういった。ほんとはかんけいなかった。ティナがきてくれたことがうれしくて、ティナとあるくとこを見られたくないとおもったじぶんが、ただ、いやだった。

「なにもできないとか、ないよ。そうだ、ティナはおしえられることとある。エイゴね。いつもリョーにおたすけをされてるから」

「いいよ」

「いいってどっち」

「いらないよ」

「やくにたつよ」

「できなくても、こまらないよ」

「こまるよ。ティナのうた、よくわからない、セイビンオマラヴフォーユー。オーラットワンス。エービーシーいえるか」

エービーシー、ぼくはいいはじめ、いえるとおもったけど、エルエムエヌのとこが、エヌエムエスみたいに、ぐにゅっとなった。

ティナは、わらった。「さむいけど、そと、さんぽするよ」

ひっぱり出されて、しょうぶ沼の公園にきた。もううす暗くて、冬枯れの木が外灯《がいとう》で黄緑にうきあがってる。へんな岩のオブジェから滝のようにながれる噴水が、北風にとびちってめいわくだった。アルファベットをおそわりながらあるいてるとき、バボォル、と、ティナは、いった。「わかる？　お客さんがいってたよ」

きき返すと、「バボォル。ば・ぶー・るー。あわ、はじけて、きえるって」

「どういういみ」

「いま、テンノーヘイカが、病気、もしいなくなったら、ボン。シャボン玉。けいきがわるくなる。ワタシたち、フィリピンにかえらなきゃ」

「そんなのはじめてきいた」

それから、何年かしてなんどもそのときのことをおもい出した。だれにきいても、そのころまだ、バブル経済《けいざい》だ、なんていってるひとは、いなかった。みんな景気《けいき》のよさにうかれてた。だけど、ティナはたしかにそういってたんだ。

年を越して、ティナは、しばらく、訪ねてこなかった。四月がきて、ぼくは六年生になった。だからといって、学校に行けはしなかった。

そんなある午後。ノックノック。

「ティナ！」

ぼくは、とびらにとびついた。

「ワタシ、おやすみとれたから！」

やすみなんてないといってたから、おどろいた。しばらく他のお店に駆《か》り出されていたんだとか。「シブヤに行きたい」

びっくりしたけど、ティナがふつうの観光をしたがるのが、なんだかうれしくて、ぼくは、すぐしたくをした。雨がふったりやんだり。天気はあいにくだけど、やすみは今日しかないのだ。地下鉄をのりついで、五十分ぐらいで、渋谷駅に着いた。ぼくは、目をうたがった。雨は、雪になっていた。

「トウキョウ、四月、きれいね。サクラと、ユキ」

「ちがうよ。ほんとは、四月に雪はふらない」

あいにくどころじゃなかったけど、ティナは、はしゃいでた。スクランブル交差点から見る１０９が、消しゴムをかけたみたいに、しろくきえかけてた。

まだ夕方なのに、通行人はどんどんへっていた。ぼくはあんなにテレビを見ていたのに、天気予報はしらなかった。ほとんどきたことがない渋谷。テレビで紹介されるような、ビリヤードのある、ガラス張りのバーもあった。

「リョー、オチャ、おごるよ」

ティナは、となりのカフェに入ろうとしたけど、

「高いからやめようよ」

と、ぼくはうでをひいた。そのカフェもがらがらだった。

空はくらくなって、雪はますます降りしきり、ぼくらは、はしゃいだまま、渋谷のすみからすみまで、まるで雪山や氷河をたんけんするみたいにあるいた。日は落ち、足首くらいまで雪はきて、まったくひとどおりがないことに気づいた。しろと、青じろい街灯《がいとう》だけの世界。うまれてから、見たことないドカ雪だった。

そして、ぼくらは、たどりついた、だれもいない西武《せいぶ》デパートのあいだの路上で、雪がっせんをした。

「リョー、エービーシーおぼえたか！」

「おぼえたよ！」

「エーとビーのあいだになにがある」

「なにもないよ」

「あるよ、ここ！」

ティナは、わらった。ぼくも、わらった。ティナは、西武デパートのA館とB館のことをいってるんだ！

ぼくの雪玉が、ティナのダッフルコートに命中《めいちゅう》した。お客さんにもらったという、高校生とかがきてそうな。でも、ティナは何歳なんだろう。よくかんがえると。すごく若いのかな。ひともいない、車もない、音もなかった。にぶい銀色の空と、街灯で、降る雪も、つもる雪も、なにもかもが、スノードームにとじこめられたみたい。時間がしんととまっていて、ぼくとティナのわらい声だけが、いきて、動いているようだった。

「ティナ、まだ、ぼん、ってならないね、あわ」

「はいですよ。ニホンはすごい国、たぶんバボォルじゃない。お客さん、ヒラモトさん、うそついた。たぶんテンノーヘイカがなくなっても、なにもかわらないよ」

ティナは、わっ、といって、雪玉をなげた。手にくっついたみたいになって、へんなほうにとんだ。

「すごいニホン。だから、ワタシは、歌手になりにきましたからー。スィンガー、エンタティナー」

「なれるよ」

ぼくは、いった。「エンタティナーに、ティナ！　が入ってるから」

ひめいのような声をあげて、ティナは、ぼくにだきついた。

「おもしろいー、たのしいー、うれしいーことといったねーリョー」

おおよろこびで、ぼくをだきしめ、ダンスのようにぐるぐるまわった。

とつぜん、道の向こうにざらざらした音がして、緑色のひかりで、満たされ、ぼくらは、くっついたままたちすくんだ。

「ユーエフオー！」

ティナは、さけんだ。

緑のランプ。トラックだった。除雪か、雪で動けなくなった車をたすけるやつ。通りの先を横切っていった。

「フューチャーからきたみたい」

「みらいってこと？　タイムマシン？」

バック・トゥ・ザ・フューチャー。観たことないけど、そういう映画がちょっとまえ流行《はや》ってた。

「タイムマシンは、できるか？」

ティナは、きく。

「わかんない。でも、いつかはできるんじゃない」

ぼくは、てきとうにいったんだ。「三十年とかしたら」

「リョー」

ティナは、あとずさって、両手を広げた。「サンジュウネンたったら、むかえにきて！」

雪が降りしきっている。

「サンジュウネンゴのワタシじゃないよ。それだとティナ、おばあさん。いまの、ティナ、ここにきて、このシブヤ、このワタシ、むかえにきて！

リョー！　緑のひかりのマシンで！」

茶色い髪につもった雪を、ふり落として、さけんだ。

「ワタシ、ずっと出られない、AとBのあいだにいるよ！」

ティナは、そして、しずかに、うたいだした。しろく消えかけた道のまんなかで。ホイットニー・ヒューストンだとおもった。

ぼくは、テープを聞いてなかったのをおもい出した。てれくさいとか、そうじゃない。ほんとはこわかったんだ。歌手になれそうもない歌だったらって。しんじなきゃいけないぼくが、いちばん、しんじていなかった。

ばかみたいだ。最高だった。

雪と歌のくべつもつかない、なにかが、そこに、降りしきってた。すばらしいなんてことば、つかうこと、人生であるとおもわなかった。そのとき、わかった。すばらしいっていうことばが、このせかいにあるのは、すばらしいことが、ほんとに起こるからなんだって。

渋谷からの帰りの電車は、がらすきで、本数をへらしてうごいてた。

ティナは、あの夜、さいごまで、はしゃいでた。ダッフルコートのフードに、雪がどっさり入っていて、だれもいない銀座線のなかで、たくさん、わらった。

それでちいさな雪だるまをつくり、ゆかにおいた。出発すると、すうっと前に後ろにすべって、とろけながら行ったり、きたり、そのたびに、ぼくらは、はじけるようにわらった。

そして、おわかれもしないで、ティナは、いなくなった。おかあさんも、ショックをうけていた。きっとふるさとに帰ったんだといった。

その一年がすぎ、明けてすぐ天皇陛下がなくなり、平成になった。

ぼくは、学校に行きだしてた。タイムマシンなんかいらない。あの夜の歌のほんとのいみがわかったら、かならずあえるって気がしたから。all at once《オールアットワンス》。すべてはいちどにおとずれる。そうティナはうたっていた。

斉藤倫（さいとう・りん）
一九六九年生まれ。詩人。主な作品に『どろぼうのどろぼん』『ぼくがゆびをぱちんとならして、きみがおとなになるまえの詩集』最新作に『私立探検家学園5　チームは蒸気のなかで』。絵本も数多く手がけている。

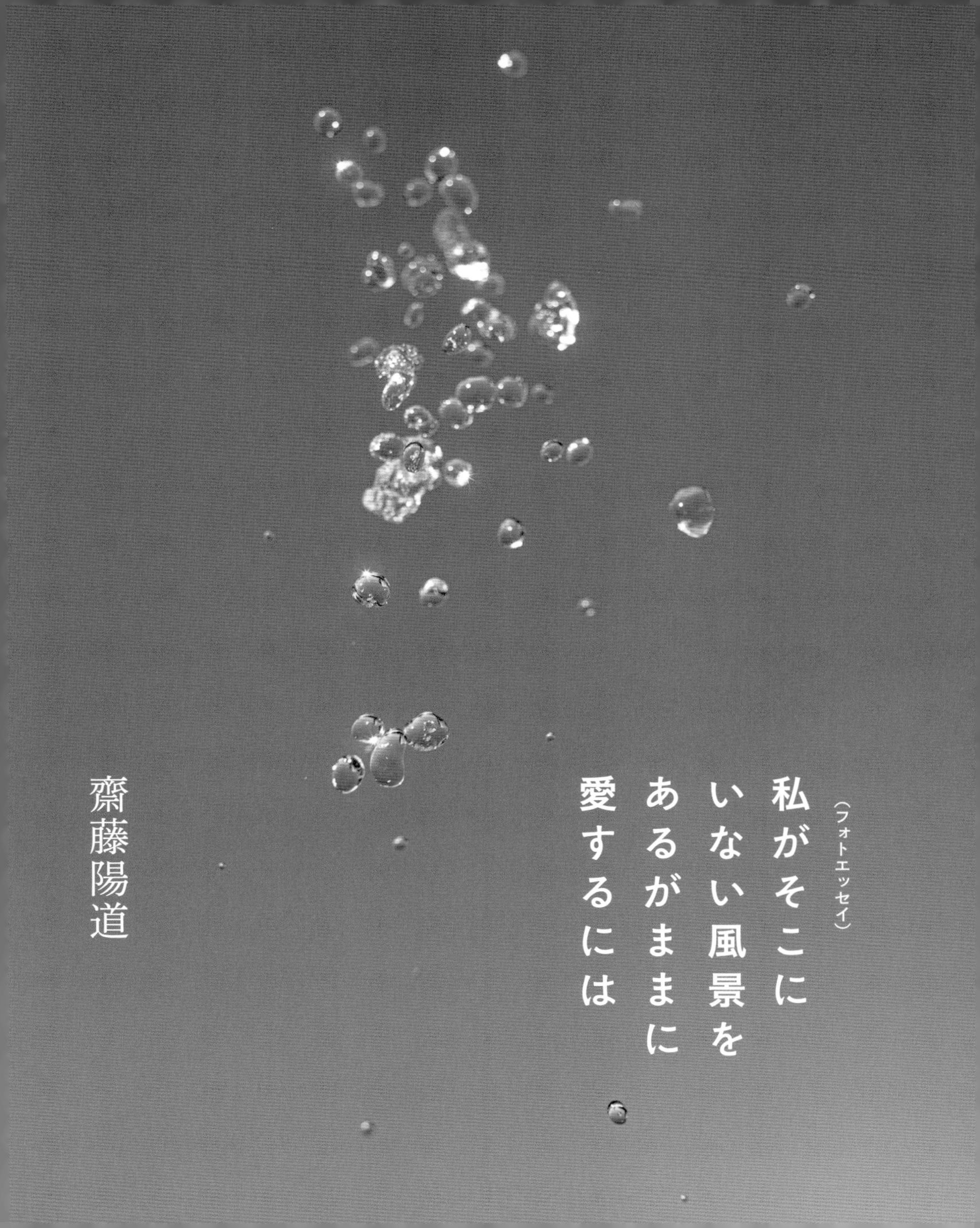

（フォトエッセイ）

私がそこにいない風景をあるがままに愛するには

齋藤陽道

月は昇るだろう。水は流れるだろう。
空は青くあるだろう。木は立っているだろう。
かの果実は丸く、甘くあるだろう。
死を悼《いた》む心はあるだろう。
……希望的観測を、たっぷりと含んでいる。
そう願いたい。けれども、わからない。

未来を予測するペシミスティックな情報で、私の頭はいっぱいになっている。数字を、情報を、蓄えれば蓄えるほどに不安に思わなければならない時間が、一秒、一分、一時間、一日、一カ月、一年、数年、数十年、果ては何万年もの先までと延長していく。

二〇一一年の三月以降、私は知った。放射能汚染による半減期には、ヨウ素131（半減期約八日）、セシウム134（半減期約二年）、セシウム137（半減期約三十年）、そしてプルトニウム239（半減期二万四千年）という途方もない時間があることを。あのときから、元来、憶病な私にとって、怯《おび》えなければならない時間が二万四千年先まで伸びてしまった。

原発事故以降、心塞《ふさ》がりながら世界を見ていた。

あの時期、空は無邪気な青さを失っていた。水は、木々は、草葉は、花は、手に触れることもためらわれ、その輝きを失っていた。果実はもいで食べることなどできやしなかった。行き場をなくした家畜やペット、人々。無数の死で溢れていた。ひどく悲しかったはずなのに、いつしか感覚は麻痺《まひ》し、死を悼む心が失われていた。そうした時期が、私にはあった。

放射能汚染による立ち入り禁止の地区が十三年経つ今もある。核燃料デブリの取り出しは進まず、廃炉の計画は、長くて四十年で完了するという。その終わりは見えていない。

それでも国は原発を再稼働する。二〇二四年元旦の能登半島地震によって、またその不安がよみがえる。能登半島地震の震源地近くに建設が計画されていた「珠洲《すず》原発」があった。もしも原発が建設されていたとしたら。……想像もつかない。

しかし、こう書いてはいるが、私もまた原発を一方的に非難できる立場では全然ない。電気の技術の発達によってパソコンが普及し、メール等で聴者と対等に意思を伝えることができるようになった。

何もわからないだろうと虐《しいた》げられてきた「オシツンボ」であるはずの私が、今、人権をもち、写真家として活動できている。人類の歴史上、初めての節目に私は立つことができた。電気より生まれたテクノロジーの恩恵を多分に受けてきたからこそである。深く感謝している。

ますます、わからない。

「チッソは私であった」と、熊本県芦北町《あしきたまち》で生まれ、父を水俣病で亡くし、自身も軽い水俣病を有する緒方正人さんは言った。

緒方さんは、水俣病の原告訴訟団として活動していたが、ある時点で引き上げることになる。治療費などの金銭や責任の在り処《か》をめぐる問題に始終するばかりで、人間同士としてのことばがめぐらないことから疑問は始まったという。

魂の在り処を見失った社会と人々を見つめながら、自分自身もその一人であると気づいた緒方さんのことばは重い。

私自身にも「原発は私であった」と返ってくる。

この負い目が、放射能半減期の果てしない時間への悲しみと入り混じりながら、頭のなかに巣くっている。わからない。悲しみはつのっていくばかり。

「歌」中野重治

おまえは歌うな
おまえは赤ままの花やとんぼの羽根《はね》を歌うな
風のささやきや女の髪の毛の匂いを歌うな
すべてのひよわなもの
すべてのうそうそとしたもの
すべてのものうげなものを撥《はじ》き去れ
すべての風情《ふぜい》を擯斥《ひんせき》せよ
もつぱら正直のところを
腹の足《た》しになるところを
胸さきを突きあげてくるぎりぎりのところを歌え
たたかれることによつて弾《は》ねかえる歌を
恥辱《ちじょく》の底から勇気を汲みくる歌を
それらの歌々を

咽喉《のど》をふくらまして厳しい韻律《いんりつ》に歌いあげよ
それらの歌々を
行く行く人びとの胸郭《きようかく》にたたきこめ

弱気に駆《か》られ、途方に暮れるとき、私はこの詩を読む。

大切なものは、歴史を振り返り、個人の無力を噛み締め、それでもなお胸の裡《うち》から湧きいずる切実への信頼を取り戻すところにしかないのだろう。

珠洲原発の建設を反対した人々がいた。二十八年間の闘争の末、二〇〇三年十二月に計画は凍結。その主張を沁み込ませていく。

水俣病にまつわる一連の抗議活動と、患者の悲しみを一身に引き受け、文学『苦海浄土』へと昇華させた石牟礼道子さんのことばが、私を熊本へ移住させた。ことばは時空を超えて人を動かす力が確かにある。そうした血肉の通うことばを沁み込ませていく。一九六九年。

押し寄せる時間の深みの中に、記憶は失われていくように見える。しかし、過《あやま》ちを繰り返そうとも、人と人がお互いに心地よくあろうとする切なる願いは損なわれずにある。

それだけは、希望的観測ではない。なぜなら、私が活動できていること自体が、おびただしい悲哀の想いから生まれたことばを通じて、異なる者同士がお互いにとっての望ましい共有地を求めてきた先の実証だからである。

いったん匿名を手放し、目の前の名前ある一人と共有する数秒、数分といった一瞬に、慈しみをほんとうに取り戻すとき、未来を覆うベールが、束の間、晴れ

る。

そのとき、月が力強く昇るだろう。
水が流麗に流れゆくだろう。
空が高く青く透き通っていくだろう。
木が艶《なまめ》かしくゆらめいて立ちあがるだろう。
果実のふくよかさ、甘さに涙をおとすだろう。
死者に捧げられし想いが貫くとき、悼む心は数万年先の未来へと向かう生きた指標となり、私がそこにいない風景をもあるがままに愛せるだろう。

私の行動は、あらゆる状況でどんなことをしようとも、別の側面から見れば悪が必ず含まれる。願わくば、その悪は自分だけの上に降りかかるようにとそれだけは。

三十年後、私は七十歳になる。これからの三十年において、私ができることは、目の前にいる命に向けて、私自身の命を懸けたことばをつむぎ、命懸けで行動して、命への信頼をとりもどしながら生きていくしかないのだとつくづく思う。

結論などない。あまりにもあいまいで、陳腐なことしか書けない。

でも、やるしかないんだよ。

齋藤陽道（さいとう・はるみち）

1983年東京都生まれ。写真家。都立石神井ろう学校卒業。2020年より熊本在住。著書に『声めぐり』『異なり記念日』『育児まんが日記　せかいはことば』、写真集に『それでも それでも それでも』『感動』『感動、』など。2024年1月に『よっちぼっち　家族四人の四つの人生』で第65回熊日文学賞を受賞。

ギャグマンガ家
山陰移住
ストーリーPART12
引越しの見積もりに来ました――
おねがいしまーす
A社
MOVIE
むわ――
大量――
どわ――
あひ――
みないで――
NO―
ちんちん!
下ネタ!

（漫画）榎本俊二

がい算です
ギャー
のわ―― 3ケタ万えん――
A社
検討します
どうぞヨロシク
B社
B社でーす
どわ――
C社でーす
C社
ぐわ――
さて3社の見積もりを比べた結果
ワー
なんとか2ケタ万えんをハジキ出したC社に決定――
とはいえ大金――
人生最後の引越しにしよう

さらば東京――
キョーキョーキョー
アンドおカネ――
ネーネーネー
こだまも出したしスケジュールを立てましょう
ネーネーネーネー……
3月4月はジゴクの春になるぞ――
まだ鳴ってる
ざっとあげただけでもこのハードスケジュール
3月
MARCH
保育園終業式
転出届
保ゴ者会
コピー機搬出
お姉ちゃん小学校卒業式
お別れ会
粗大ゴミ
引越し前半
クルマ引渡し
ガス水道
ビジネスホテル
ヘヤ引渡し
羽田飛行機
レンタカー広島空港のりすてて
4月
APRIL
引越し後半
コピー機
エアコン
クルマ
お姉ちゃん中学校入学式
制服うけとり
PTA総会
ガス水道
地域集会
デカ助保育園始業式
保ゴ者会
車輌名ぎ変更
転入届
これをやりながらしめ切りをこなさないといけないのか――
がんばれ
お前たちもだ――
気が重くてアイデアが出ないよ――
NO!
出せ――
ね――引越しの日保育園の遠足だって!!
プリント
ただいまー

榎本俊二（えのもと・しゅんじ） 1968年神奈川県生まれ。漫画家。『GOLDEN LUCKY』でデビューし、シュールで奥深い世界には熱いファンが多数。著書に『ムーたち』『えの素』など。話題大沸騰中の連載の書籍化第2弾『ザ・キンクス（2）』が、2024年9月に発売されたばかりです！

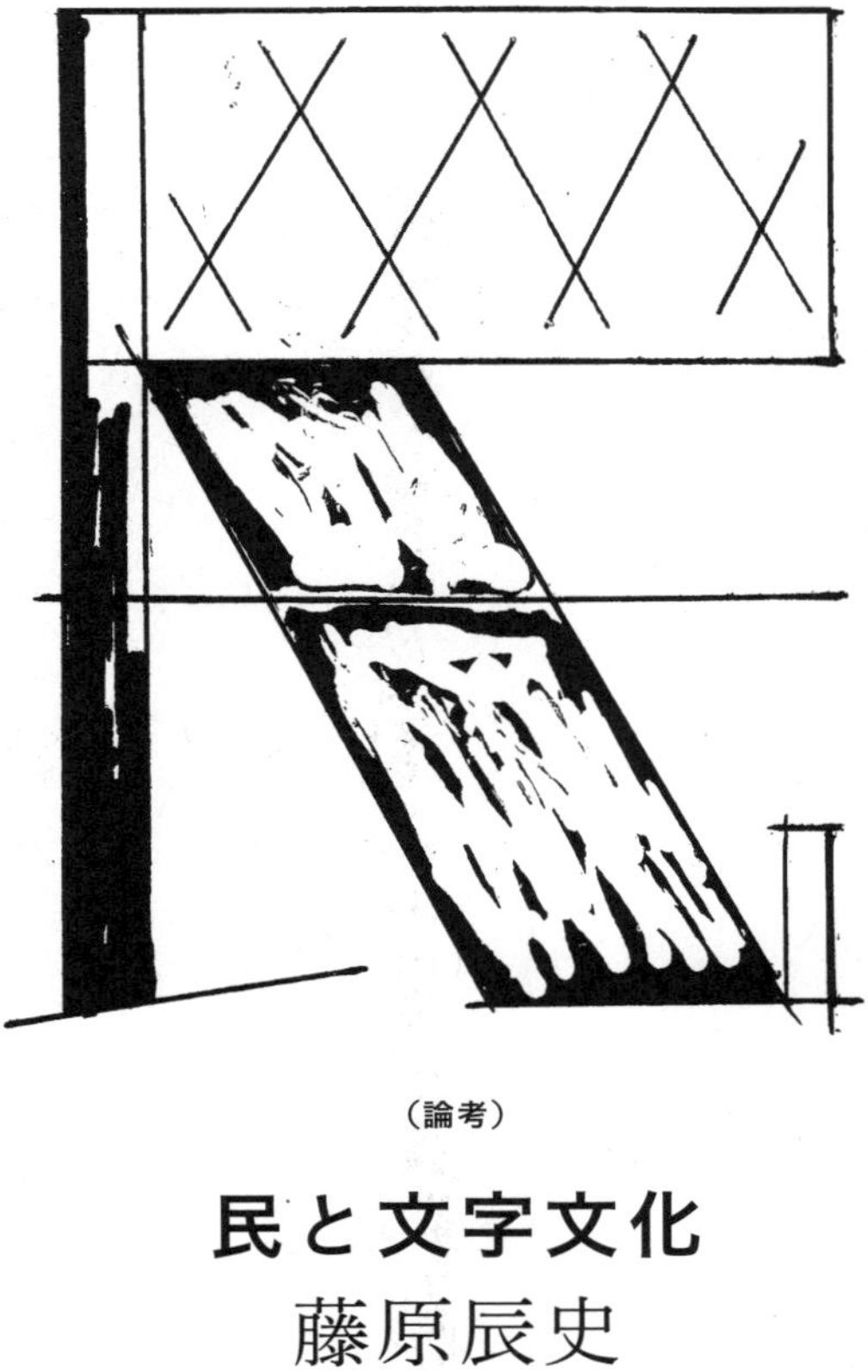

（論考）

民と文字文化

藤原辰史

エリートの占有物としての文字文化

文字とは、基本的にエリートの独占物だった。エリートは、ある社会や組織のなかで優越していると考えられる人びとの集団のことを意味する。選抜された精鋭と読み替えてもいいだろう。社会で選ばれた人びとは、文字の読み書きを学び、書かれたものを保存、交換し、より複雑な統治を遂行できるようになった。非エリートである民は、基本的に話すことはできたが、読み書きはほとんどできなかった。ヨーロッパ近世の民衆文化を研究したピーター・バークが『ヨーロッパの民衆文化』（人文書院、一九八八年）で中心的に論じたのが、祭礼であったのは、それが文書を用いなくとも運営できるものだったからである。年上のものから年下のものへの言い伝えによって保たれ、場合によっては随時変更されてきた。

十五世紀にアンデス山脈のふもとに生まれた広大なインカ帝国が「文字なき文明」であったことは、ヨーロッパや日本の歴史を常識と考える私たちには意外で興味深い（渡部森哉『インカ帝国――歴史と構造』中公選書、二〇二四年）。キープと呼ばれるロープの組み合わせを用いてさまざまなものを記録した。歴史はすべて口頭伝承によって伝えられた。時間は直線的に進むのではなく、「発展」するのでもなく、円環的であるため、王は第一代、第二代、というふうに継がれていくものではなかった。そうした文字なき文明の特徴として、「等身大の文化」があった。巨大な吹子《ふいご》を必要とする鉄は生産されなかった。肺活量で可能な程度の空気を吹き込むことで生産される金属だけであった。人間の活動は農業の暦《こよみ》に支配されており、占領したスペインの軍隊へ反乱を起こし、包囲戦をしていたときも、農繁期になると兵士たちは農作業をしに戻らなければならないので、包囲を解除して、敗北した、という。

インカ帝国の歴史を読んでいると、私たちは、もしかするとインカ帝国の時代より後退したかもしれない、とさえ思う。エリートの言語は「エビデンス」とか「コンテンツ」とか「ニーズ」とかの無味乾燥なジャーゴンに満ち溢れている。現在にいたってもMBA的ジャーゴンが大学でさえ流行するほど、日本は体質が古い。せっかく文字をもって、人間の等身大以上の行為にチャレンジできるようになったのに、その文字表現がジャーゴン化して稚拙《ちせつ》になりつつある。だから、逆説的に、エリートの言語が民に通じない構造は変わることなく、ヨーロッパや日本の中世・近世社会のようになっている。そのかわり、実質的かつ重要な政治的決定は、高級料亭や高級レストランの話し言葉によって進む。話さなければ最後はわからない、という言語感覚をエリートさえもが根強く持っている。すくなくとも、数値などをごまかすことのできないキープが機能していたインカ帝国のほうが、よほど優れていたのではないか、とさえ私は考えることもある。

私の問いは、エリートが占有する文字文化をいかに奪還するか、というロマンチックな闘争的問いではない。エリートが文字文化を失いつつあるいま、民がどうそのかわりに構築し直していくのか、という尻拭《ぬぐ》い的問いである。奪うまでもない。壊れているのだ。

論理国語

なぜなら、文字文化を理解しないエリートによって民は言語を学ばないようにさせられているという、なんともシュールな状況に、いま私たちは追い込まれているからである。『論理国語』なるものが登場し、説明的な文章をきちんと理解することを最優先する、という教育がついに昨年から始まった。国語教育の歴史に詳しい佐藤泉によると、文学を理解するような知識のあり方を経営共創基盤ＣＥＯは「ウンチク学問っぽい教養」だと言っていたという（『死政治の精神史――「聞き書き」と抵抗の文学』青土社、二〇二三年）。翻訳文化が担ってきた日本の深い歴史を愚弄《ぐろう》する発言であるが、いずれにせよ、高学歴の日本の経済界のエリートがこれほどまでしか文字文化を理解していないほどに、エリートの文字文化は劣化してきていて、深刻なのである。

教科書会社はその風潮に抵抗し、『論理国語』にも文学の教材がたくさん並び、『文学国語』にも論理を学ぶのに十分な教材が並んでいる（なお、私の文章は、どちらの教科書にも載っているが、どちらが文学的なのか自分では判断がつかない）。仮にもエリートの文字文化が高度に発達しているのであれば、民が文字文化を学ぶことに制限をかける理由も、反乱が怖い、真実を知ってほしくない、いろいろ調べられると困ることがある、などと想像もしやすいのだけれど、そもそも民の文字文化が、もしかしたらエリートのそれを越え始めてきているように私は感じる。

たとえば、ブレイディみかこの文字文化が保育士の視点からグローバル・エリート全般を穿《うが》つ批判の力を持つのは、彼女が大学に入学せずに渡英し、師匠と呼ぶ保育士から徹底的に世界の仕組みを学んだことと、パンクロックの抵抗言語が身体を満たしていること、それに日本語を書くときに、徹底して辞書を引いて、ある意味の「外国語」として学び直す緊張感が存在するからではないだろうか。東京下町の極貧の家に育った早乙女勝元が、東京大空襲の被害者の膨大な「聞き書き」による作品（『東京大空襲』岩波書店、一九七一年）

をもたらしたことも、高等小学校卒業後、古紙回収などの仕事をして、回収される雑誌を抜き取って読み耽《ふけ》ることで文体を磨き上げていったことと深い関係があると思う。天草の石屋の出身で、水俣実務学校（現在の県立水俣高等学校）が最終学歴である石牟礼道子も、小学校の代用教員だが、文字を書くことが許されない主婦として、廊下の片隅の小さな台のうえでものを書いていた環境が、あるいは、エリートの言語に影響を受けない等身大の文字文化のまま水俣病事件と対峙したことが、かえって、狂気の世界に接するほどまでに文字文化を練り上げられたことと関係はないだろうか。しかもその文字文化は、早乙女勝元にせよ、石牟礼道子にせよ、書き手によって独占されるのではなく、話し手たちとの絶妙な関係のなかでつむがれたもので、所有権の発生の難しい場所にあった。

大学をいちおうは卒業した私は、民の声なき声を代弁するなどとうぬぼれて文字を書いてきたとしても、盗人《ぬすっと》精神に満たされた日本のエリート文化に十分に毒されてきた。高校生まで田舎暮らしのなかで聞いてきた非エリートの、手指の色が土の色で、かたちはささくれだった枝のようなおじさんやおばさんの言葉から、たくさんの言葉を無断で引用することでしか、研究も教育もできなかった。いま書いている文章をはじめとして、さまざまな媒体で文章を書いてきたのであるが、たとえば、ブレイディみかこ、早乙女勝元、石牟礼道子だけではなく、おじさんやおばさんの言葉を私から引き抜いたとき、どこまで私の積み木のような文字文化が崩壊から耐えることができるか、甚《はなは》だあやしいと考える。エリートは、その占有してきたはずの文字文化でさえ、民に「おんぶにだっこ」だったのではないか。

第二次世界大戦終戦百周年記念式典

私が高校まで一緒に時間を過ごすことの少なかった、日に焼けた赤ら顔の田舎のおじさんやおばさんたちは、みな、家族や親戚を戦争で失っていた。だれもエリートになるほどの土地とお金がなかったから、士官にはなれなかった。机のうえで作戦を立てる側には立てなかった。私の祖父のように、ひとりの兵隊として、戦争の前線に配置されがちであった。生き残ってもシベリアに抑留され死んだ親戚もいる。南方の戦いで死んだ祖父の兄もいる。祖父たちは存分に保守的であり、家父長的であったが、どれほど東京弁のテレビを浴びても、遺族への想いと出雲弁を失うことはなかった。

二十年と少し経てば、二〇四五年である。第二次世界大戦終戦百周年にまつわる式典が世界中で執《と》り行われるだろう。各国のメディアは、トリニティ、広島、ドレスデン、真珠湾、スターリングラード、ミッドウェイ、盧溝橋、ガダルカナル、ノルマンディー、沖縄、東京、ベルリンなどにテレビカメラ（というものがまだあればの話だが）を配置し、戦勝国は自分たちの勝利を讃《たた》え、敗戦国は戦争の悲惨さを大きな主語と述語で語りだすだろう。

では、二十年後、非エリートたちは第二次世界大戦をどう想起するべきだろうか。現在でさえ、この戦争の位置づけをめぐって国同士で争いが起こっているというのに、未来のこの戦争の想起のあり方を想像するのは、ほとんど無理といってよい。

英米ソ連の民主主義国家が日独伊のファシズム国家を打倒した、という物語は、もはや現在でさえ疑問を抱かれている。日独伊と戦っていた英米ソ連の人びとも相当に自由を剝奪されていたのだし、イギリスは、植民地インドのベンガル飢饉で三〇〇万人が餓死するのに、有効な手立てを打たなかった。アメリカの落とした原爆は民主主義国家の名に値するものだったのか、その問いにイエスと答えるのはほとんど不可能である。

アウシュヴィッツ強制収容所におけるユダヤ人の虐殺という人類史上最悪のことが起こったという語りにも、ずいぶんと疑問が呈《てい》されるようになった。ナチスが殺害したのは、ユダヤ人だけではない。スラヴ人、ロマやソ連の捕虜も大量に殺されたのである。そして、このまごうかたなき悲劇を、唯一無二の悲劇として固定的にとらえすぎたことが、イスラエルによるパレスチナの民に対する傍若無人《ぼうじゃくぶじん》な攻撃を、無言によって支えてしまっている。

おそらく、別の語りが、二十年後、三十年後には切実に求められているだろう。たとえば、第三次世界大戦が起こってしまっていたとしたら、その前の最大の死亡者をもたらした戦争として。たとえば、まだまだ牧歌的な戦争が繰り広げられていた時代の戦争として。悪いことはいくらでも想像できる。

民語りの可能性と不可能性

もう、世界を表象することは、人文学を「ウンチク」と勘違いできるほど知性の衰えたエリートには無理なのかもしれない。この世界に対峙できるほどの文字文化をエリートは失いつつあるのかもしれない。

だからといって、第二次世界大戦終戦百周年記念式典を、あの、お猪口《ちょこ》に張り付いた熱燗《あつかん》をぺろぺろ舐《な》める赤ら顔のおじさんやおばさんたちが語り直すことはできない。ほとんどが亡くなってしまった。

ほぼファンタジーであることを前提で書くとすれば、必要とされているのは、戦勝国敗戦国関係なく、交戦国の犠牲者たちが連帯して語る戦争であろう。それをここでは「民語《たみがた》り」と呼びたい。

民は、軍のエリートたちの作戦によって「草」のように殺されていった。山崎佳代子はベオグラードの空襲を思い起こしながら殺されていく人びとはまるで「草」のようだと言ったが（「民草論――山崎佳代子の言葉に触れて」『ちゃぶ台10』二〇二二年）、重慶の空襲も、ドレスデンの空襲も、東京の空襲も、広島と長崎に投下された原爆も、それらによって無惨に殺された人びとへの哀悼と、科学技術への反省が、結局、ヴェトナム、イラク、セルビア、ガザ地区などでアメリカやＮＡＴＯやイスラエルによって空から降り注がれた爆弾や劣化ウラン弾を止めることができなかったことも、思い起こされることになるだろう。空襲の暴力を有する権力者にとって、民は靴で踏まれる草に等しい、という一度抱いてしまった実感はけっして死ぬことはないだろう。

第二次世界大戦終戦百周年の式典には、もう大戦の苦痛を覚えている人はほとんどいない。覚えていたとしても、当時は小さな子どもであった人だけであり、もはや、兵士として戦場に立った人はひとりもいないだろう。あの戦争の記憶は、むしろ膨大な歴史書と、多くの体験談、そして画像や映像、場合によっては映画や小説などの表現によって伝えられているだろう。生き残った人も、戦争で亡くなった人たちの苦しみまでも代理できるわけではない。

それは、「民語り」でなくてはならない。すべての言葉を辞書で引き直し、説明が間違っていれば、辞書さえも書き直さなければならない。民は、新しい時代の文字文化の担い手という役割から逃れてはならない。たしかに、これまでもエリートを破壊して権力を握ったスターリンもヒトラーもポル・ポトも吐き気をもよおすような暴力を繰り広げた。しかし、彼らが真に文字文化の変革を起こせなかったのは、民を背負うこと、自分の出自を活かして支持を得たこと、民を代表しているとうぬぼれる自分を相対化できなかったからである。民がとんでもない暴力の担い手となることに自己凝視の言葉を持ち得なかったからである。戦場や占領地の虐殺の担い手は、士官ではない。直接手を汚すのは、いつも赤ら顔のおじさんやおばさんのお父さんやお兄さんやかつての夫だった。戦争の民語りとは、それゆえに、エリートに踏み潰された「草」としての語りだけではなく、草に、他の種類の草との血の流れる戦いを強いたエリートを訴える語りだけでもない。そこまで自分を追い込むエリートたちに騙《だま》されず、事前に彼らを食い止めなかった民の内省の語りでもある。

エリートの文字文化の劣化を嘆き悲しむだけではあまり意味がない。自分たちで文字文化を構築し直さねばならないほど、状況は追い込まれている。このままでは二十年ちょっとあとの「式典」は、「コスト」とか「ベネフィット」とか「インセンティヴ」などの経営用語で満たされる。バークは、先ほど述べた書物のなかで、民がエリートをひっくりかえす「無礼講」の場所が祭りだったと述べている。この日だけは、民が王になり、召使《めしつかい》が主人になれた。第二次世界大戦終戦百周年記念式典を無礼講にし、永続化しなければ、民の肉をひたすら挽《ひ》くだけの戦争は残念ながら終わる気配さえないだろう。そのためにも、民民が文字文化を鍛え直さなければならない。

藤原辰史（ふじはら・たつし）
一九七六年北海道生まれ。島根県育ち。京都大学人文科学研究所准教授。専攻は農業史、環境史。著書に『縁食論』『中学生から知りたいウクライナのこと』（小山哲との共著）、『カブラの冬』『ナチスのキッチン』『分解の哲学』など。二〇二四年七月、ミシマ社から『中学生から知りたいパレスチナのこと』（岡真理・小山哲との共著）を上梓。

◎本誌の藤原辰史さん論考「民と文字文化」とあわせて、ぜひお読みいただけたらと願っています。

『中学生から知りたいパレスチナのこと』

岡真理・小山哲・藤原辰史（著）

2024年7月26日発刊

装丁：寄藤文平・垣内晴（文平銀座）

ISBN：978-4-911226-06-3

定価：1,800円＋税

大反響で完売続出！

この本から、新しい世界史＝「生きるための世界史」が始まる。アラブ、ポーランド、ドイツを専門とし、日本で暮らす三人の人文学者の対話から、はじめて「パレスチナ問題」が浮かび上がってくる一冊。あらゆる人が戦争と自分を結びつけ、歴史に出会い直すために。

（漫画）

「未来」

作　益田ミリ
絵　平澤一平

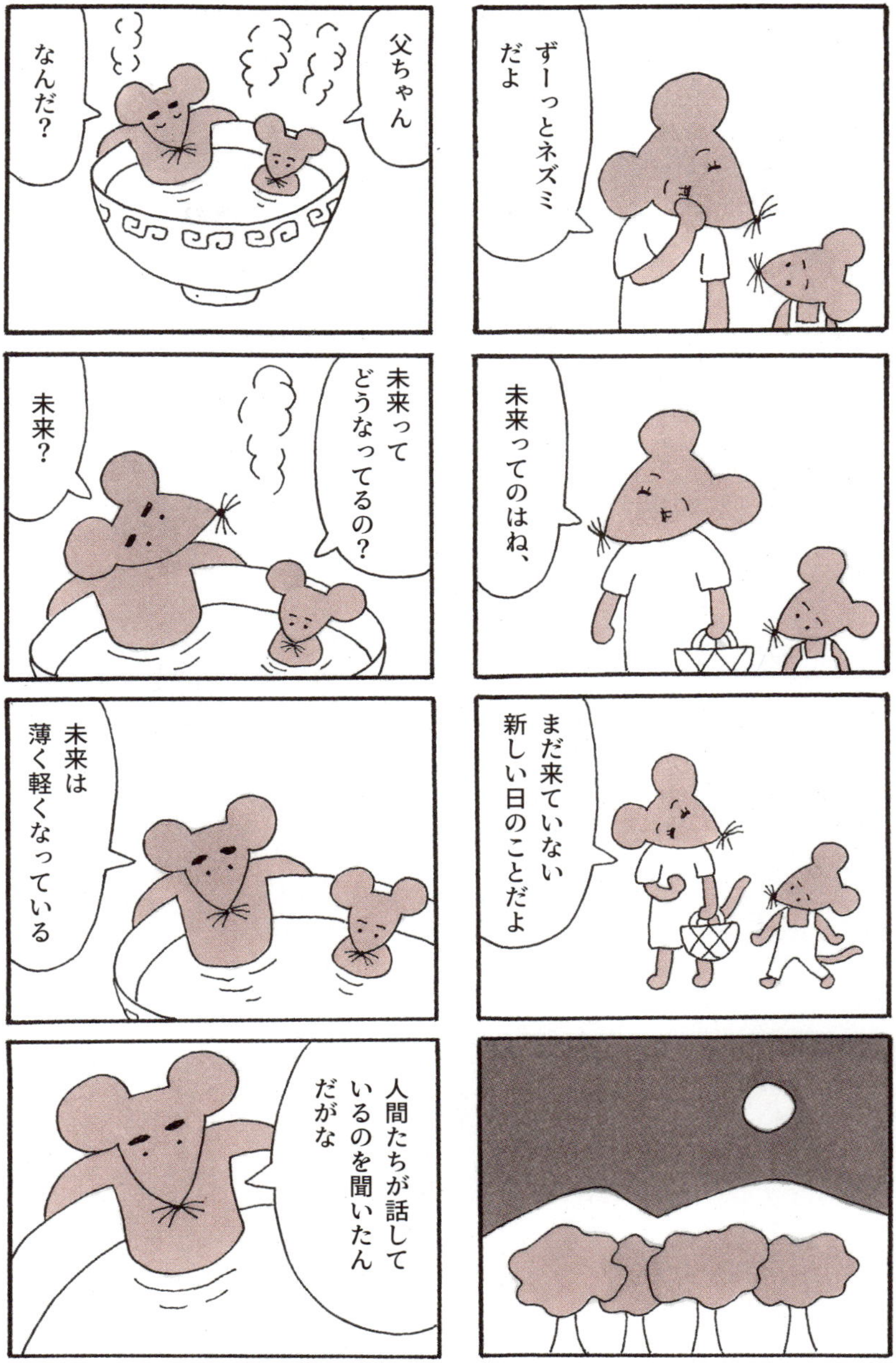
ずーっとネズミだよ
未来ってのはね、
まだ来ていない新しい日のことだよ
父ちゃん
なんだ？
未来ってどうなってるの？
未来？
未来は薄く軽くなっている
人間たちが話しているのを聞いたんだがな

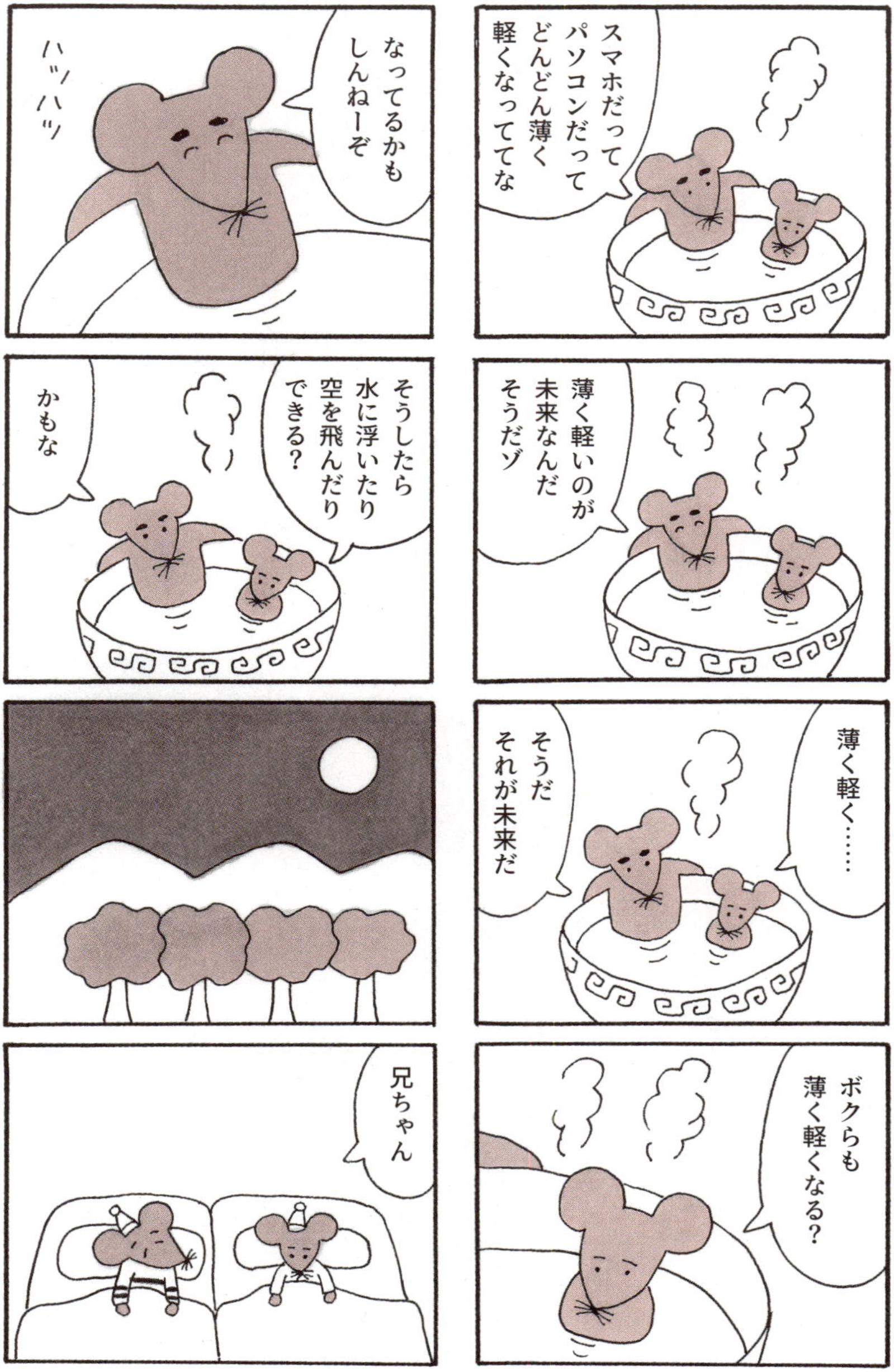
スマホだってパソコンだってどんどん薄く軽くなってってな
薄く軽いのが未来なんだそうだゾ
薄く軽く……
そうだ それが未来だ
ボクらも薄く軽くなる?
なってるかもしんねーぞ
ハッハッ
そうしたら水に浮いたり空を飛んだりできる?
かもな
兄ちゃん

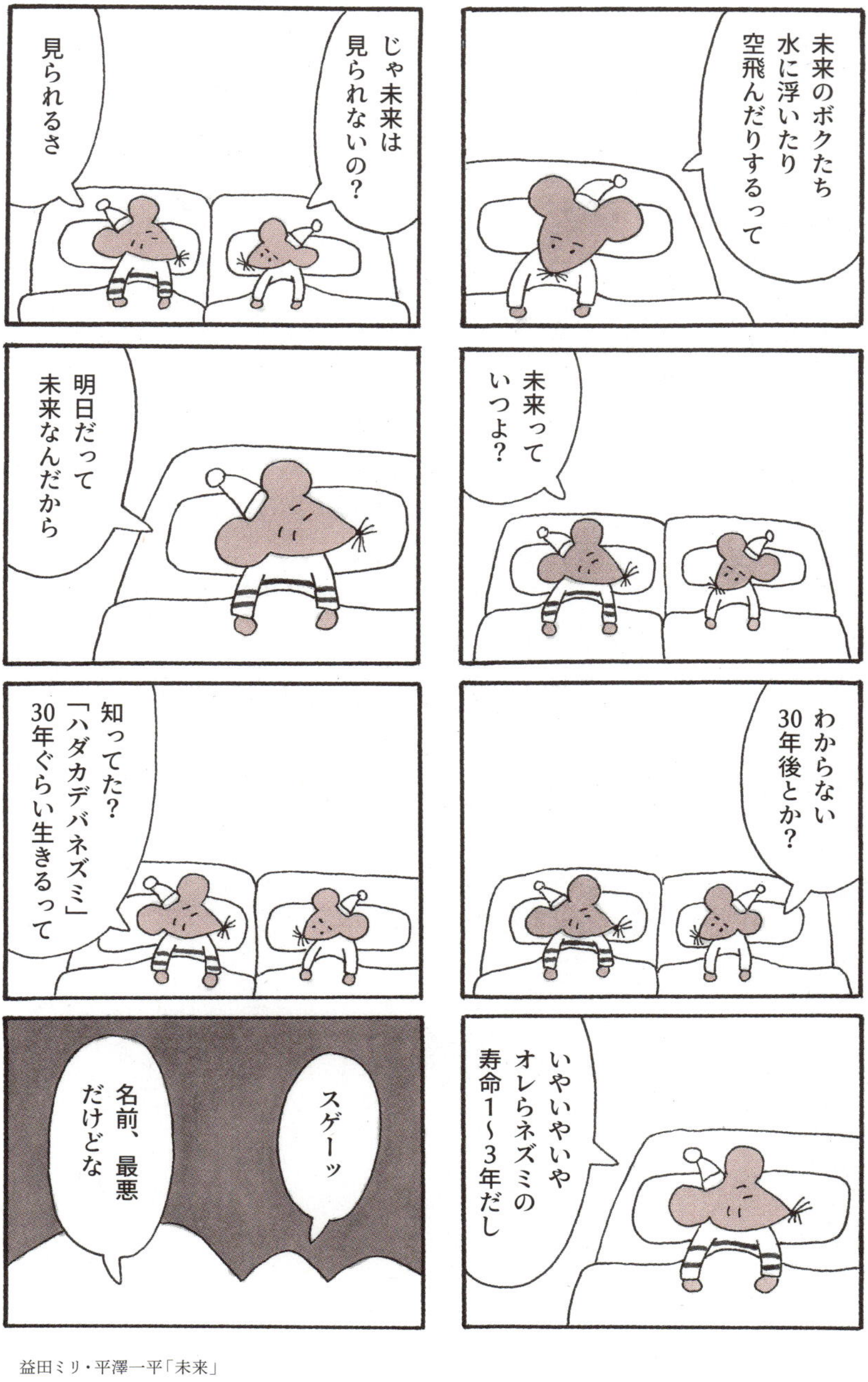

絵・平澤一平（ひらさわ・いっぺい）

一九六七年秋田市生まれ。イラストレーター。イラストレーション誌チョイス大賞にて大賞受賞。TIS公募大賞にて大賞受賞。絵を担当した絵本に、『はやくはやくっていわないで』『だいじなだいじなぼくのはこ』『ネコリンピック』『わたしのじてんしゃ』（以上、ミシマ社）、『月火水木金銀土日　銀曜日になにしよう?』『おはよう　ぼくだよ』『げそすけとじいじとばあば』『あいうえオリンピック』など。二コマ漫画『今日のガッちゃん』の絵も担当。

　センターマイク越しに成《せい》君を見つけて、岳《がく》の頭は真っ白になった。もちろんこれまでにも、舞台上でスポットライトを浴びて似たような感覚を覚えることはあった。でも、今回は違う。体が固まったまま、指先さえも動かせないのだ。そんな岳を見ながら、成君は口

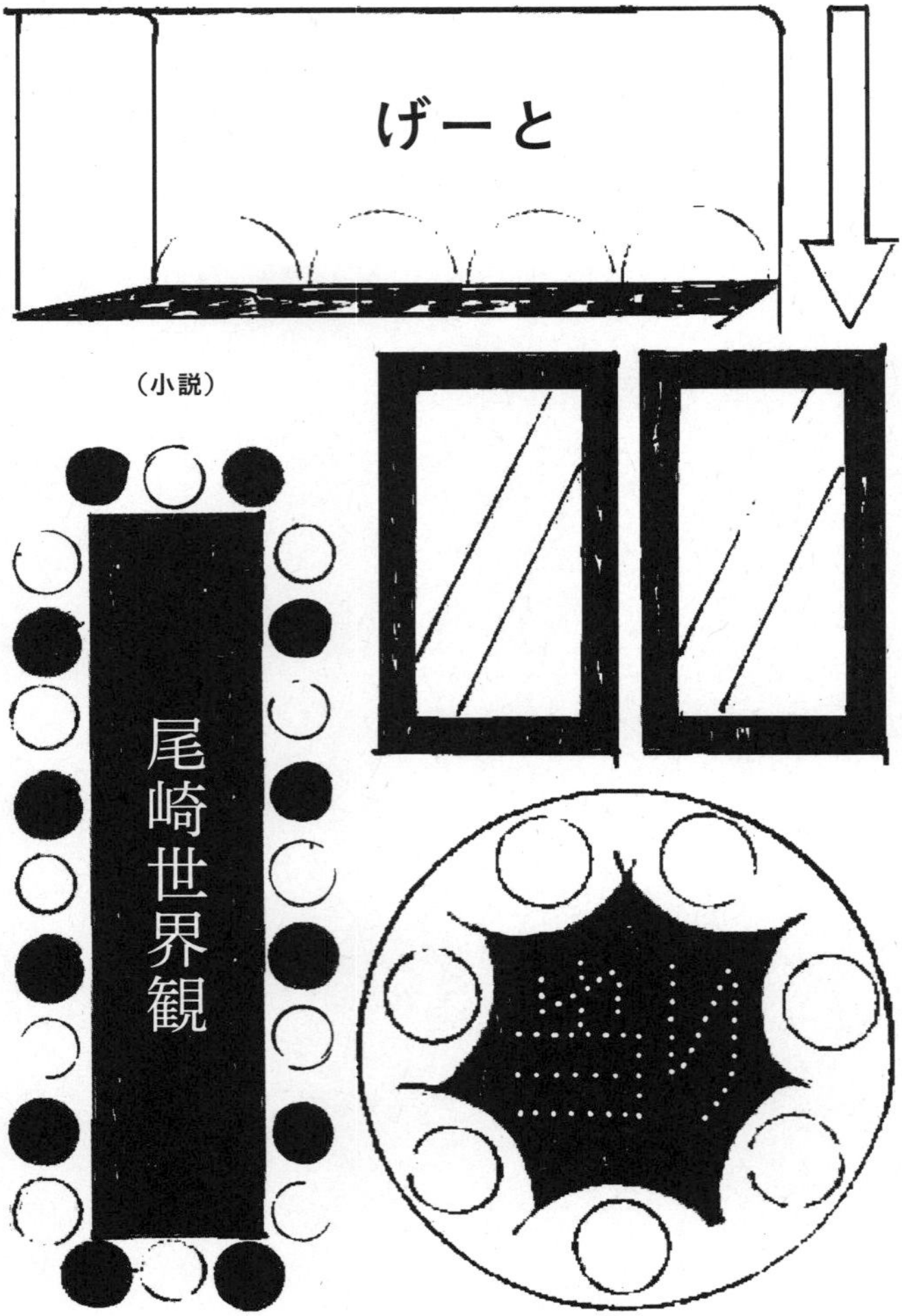

を半開きにしている。その横では、成君によく似た小さな男の子が、椅子の上で落ち着きなく足をバタつかせていた。岳は慌てて次の言葉を探す。照明がやけに眩しく、体中が熱い。客たちの不安げな笑い声も徐々に消えて、劇場内がいよいよ静まりかえる。今の彼には、まるで一秒一秒、時間がくっきり見えるようだ。

「いや、飛んでる。やばい。やばいこれ。お客さん、相方完全に飛んでます」

「あー。うん。飛んでます。ほら。えーと、今……上空三千メートル辺りです。うわー。俺今、飛んでますよー」

異変に気づいた野村がすかさずフォローを入れる。しかし、一度変な空気になってしまった以上、簡単に笑いは起こらない。岳の脇の下は一瞬のうちに濡れる。

「いやいや、今ネタ中だから。早く戻ってきてもらわないと。着陸してください。とにかく今すぐ、ここ、野村空港に着陸してください」

「うん、そうしようかな。野村空港は……あれか。あっ、でもあっちにめっちゃ可愛い子いる。とりあえず、着陸する前に一回声かけてみるわ」

さっきまで顔を引きつらせていた観客たちも、次第にまた笑い始めた。

「おいおい、何してんの。だから今ライブ中だって。ナンパなんかしてる暇あったら早く戻ってきてー」

「あ、もしかしてお前、嫉妬してるんじゃない。ごめんな。俺は行くよ。お姉さん、今何してるんですか?」

「はー。ヤバすぎる。コイツ、ネタ飛ばしながらホントにナンパ始めたよ」

野村も腹を括《くく》ったようで、その表情から、このまま最後までネタをやり切ろうとしているのがわかる。

「えー、嘘。マジで。お姉さんも飛んでるの。じゃあ一緒だ」

「自分で飛んでるって言っちゃってる。もういいわ、じゃあそっちでその子とお幸せに。それで、その子どんな子なの？　気になるから最後にそれだけは教えてくれ」

「うん、やっぱり気になるよな。その子、実は……ちくわパフェの泉ちゃん」

「泉かい。お前らカップルで飛んでるって、一体どんな神経してんだよ。もういいよ、ありがとうございました」

岳が舞台袖に捌《は》ける途中、また客席の成君が目に入った。まだ小学校に上がる前だろうか、彼の横にはやっぱり男の子がちょこんと座っている。

「岳さん、どうしたんすか。具合でも悪いんすか？」

野村がその顔に怒りを滲《にじ》ませて詰め寄ってくる。岳は、いかにもバツが悪そうに、小さくかすれた声で謝ることしかできない。

「別にいいんすけど。なんか、一応形になるのが、それはそれで辛いっていうか」

「クオリティやばいけどな」

「だから一応って言ってるでしょ」

鋭い野村の声を聞いて、楽屋にいた他の芸人たちが一瞬会話を止めた。そしてすぐに空気を読み、誰からともなくまた会話を始める。居たたまれなくなった岳は、電子タバコとスマートフォンを摑《つか》んで立ち上がる。

「マジで、理由なんなんすか。べつに普段からこういうことする人じゃないし、それだけ聞いとかないとこっちも納得できないでしょ」

岳は俯《うつむ》いて黙ったままだ。わざとらしく沈黙をかき消すような、他の芸人たちの話し声だけが、せまい楽屋内に響いている。

「従兄弟」

「は？」

「だから従兄弟が来てて」

「従兄弟？」

「うん。今日、来てること知らなくてさ。それでいきなり見つけてびっくりしちゃって」

「で、その従兄弟さんとはしばらく会ってなかったんすか？」

「もう何年も。最後に会ったのが高校生かな」

「そんな前なんすね。でも向こうも、何でわざわざ今……」

「それな。何で来てくれたのかもわからないし、そもそもこうやって舞台立ってるの何で知ってるんだとか、色々気になっちゃって。まぁ母親が喋ったのかもしれないけど、かなり気まずいよね」

「でもたかが従兄弟でしょ。客席に従兄弟いたぐらいでネタ飛ばしてたら、もうやってけないですって。ていうか、オチでまた泉ちゃんの名前出してたけど、あれとか大丈夫なんすか？」

「泉？　どうなんだろ。べつに大丈夫だと思うけど」

「でもこの前飲んだ時、なんか岳さんと付き合ってるのファンも公認みたいな空気になってるけど、いちいちネタにされるのいい加減しんどいって」

「え？　お前、泉と飲んだの？　いつ？」

「え？　そこっすか。だから、大丈夫なんすか？」

「ていうか何がしんどいんだよ。今度直接あいつと話してみるから。ネタにされるのしんどいって、お互いずっと前からやってきたことじゃん」

「でも泉ちゃん、自分は最近全然ネタにしてないって言ってました。とにかく、こっちまで共犯みたいになるの嫌なんで」

「あー、わかったわかった。そんなことより従兄弟、まだいるのかな」

「また従兄弟……。わかりました。ちょっと見てきます」

野村は立ち上がって、舞台袖に歩いていく。しばらく間を置いて、岳も楽屋を出る。エレベーターに乗り、裏口から外へ。通りの向こうには相変わらず行列ができている。いつだってほとんどガラガラの劇場のこんなにもそばに、行列の絶えない人気ラーメン店があるなんて。その列の中に芸人を見つけた日には、怒りを通り越して笑いすら込み上げてくる。岳は行列めがけて歩いていく。近くに横断歩道がないため、慎重に目で車を追いながら進む。行列の先には看板が出ていて、せり出した黄色い屋根にもでかでかと店名が書かれている。列にはすでに十人以上が並んでおり、そのほとんどが一人客だ。岳の目の前の男は、丸い背中をさらに屈めて、スマートフォンで動画を見ている。

「いやいや、今からラーメン食うのに耳からうどん出てるって。両耳から、計二本のうどんが出てますよー。今、絶対にラーメンの口になってるはずなのに、耳はうどんって。うどんの耳になってるって。だいぶヤバイでしょ」

一人でぼそぼそ呟きながら、半笑いの岳を、二つ前に並ぶ男が怪訝そうに見ている。それに気づいた彼は、まだ半笑いのまま、慌てて目を逸《そ》らす。その視線の先には、古ぼけた飲料専用の自販機があり、ちょうど作業着姿のくたびれた中年男性がボタンを押すところだった。どうやら懐かしい当たり付きのようで、わざとらしいルーレットの機械音が岳の耳にも聞こえてくる。肝心な部分がすっかり色あせてしまっていて、遠くから見ても、どこに止まれば当たりなのかさっぱりわからない。まだ機械音が鳴り続けているのに、取り出し口から缶を取り出した中年男性は、さっさと歩いて行ってしまう。機械音が止む。一瞬の静寂の後、いかにもハズレらしい音が鳴った。するとそこで通りの向こうまで渡りかけていた中年男性が振り返り、やっぱりな、という顔をしてまた歩きだす。

「いや、カッコよー。ハズレの見届け方、カッコよー。このタイプの自販機って、告白もしてないのにフラれた気分になるのがいつも最高に嫌だったけど、やっと正解を見つけましたー。これだったんですね。カッコよー」

店の前には強烈なニンニク臭が漂っていて、扉が開くたび、臭いは一層激しさを増す。中から一人出てきて、すぐに先頭の男が店内に吸い込まれる。頭にタオルを巻いた店員が何か叫んだが、すぐに扉が閉まったため内容までは聞き取れない。岳の後ろにまた一人並んだ。彼は背後にむさ苦しい男の気配を感じながら、通りの向こう、劇場の入口に目をこらす。次の回の最前列を狙う熱心なファンが数名、早くから所定の位置に座り込んでいる。彼らは芸人の間でも名の知れたファンで、さらにその内の一人は要注意人物だった。ライブの打ち上げに潜り込んでは、目を付けた若手芸人に言い寄っていると、もっぱらの噂だ。以前、酔った勢いで、野村も彼女と関係を持ったことがあると話していた。一度食べたら、もうその日は何も要らないというほどパンチのあるこの店のラーメンに比べて、お笑いライブがどこかいつも物足りないのは、きっと笑いで腹は膨れないからだ。それどころか、笑ったら笑った分だけ腹が減る。食っても食っても腹が減るから、観たそばからあやってまた並ぶ。そして、打ち上げにまで顔を出すんだろう。彼はそんなことを考えながら、自分が並んでいる列をざっと見渡す。それぞれが一人で黙々と時間を潰しているように見えて、この列にはしっかりとした秩序があった。ここにいる誰もが、細かく周囲に気を配りながら、数十センチ単位で正確に前に進んでいる。その証拠に少しでも動きが乱れそうになると、すぐさま列全体に緊張が走った。店内で注文をする際の細かなルールなら何となく聞いて知っていたが、外に並ぶのにもこんな世界があったとは。泉からの返信がまだないことに苛立ちながら、岳はずっと落ち着かない。そしてそんな時でも、何かネタになりそうなものを探してしまう自分が嫌になる。気づけば列はさらに伸びており、彼が振り向いた時、また新たに加わった一人とちょうど目が合う。野村だ。呆《あき》れているのか、もう開き直ってこの状況を楽しんでいるのか、彼はなぜか半笑いで岳を見ている。

〈岳さん、コーナー〉

岳の手の中でスマートフォンが震えた。ロック画面には野村から届いたＬＩＮＥの通知が表示されている。彼はもう一度、列の最後尾に並ぶ野村を見た。新たなメッセージでも打ち込んでいるのか、野村は俯いて熱心に手元を動かしている。今頃劇場では企画コーナーが行われているはずだ。ネタが一通り終わった後、その回の出演者が舞台に集合し、大喜利やテーマに沿ったトークをするのが、劇場で行われるライブの定番だった。

〈いきなりいなくなるからびっくりしましたよ。ていうか泉ちゃんのことで怒ってるんすか？　べつに飲み行くぐらい普通でしょ〉

〈ご麵ね〉

〈いやいや、もう完全にラーメンに気持ち奪われてる〉

〈それと、泉のことは気にしてないよ。俺、そういうの、いつまでもズルズル引きずるような男じゃないし〉

〈いや、またラーメン。もう麵すすっちゃってるし〉

〈あの……ネタ飛ばしたのとコーナーはマジでごめん〉

〈え？　あー、キツいキツい。今さら本気で謝られてもムズいって。それに、俺もバック

レちゃってるし。コーナー……〉

〈じゃあもう、とりあえずチャッチャッと食って帰ろう〉

〈湯切り〜。湯切りしてる〉

〈あー、ご麺ご麺〉

〈だからもういいって。ていうか、泉ちゃんと何かあったんすか？〉

　岳が振り向く。今度は野村とばっちり目が合う。彼もこの列を支配する独特の緊張感に気づいているようで、神妙な面持ちで、空いたスペースの分だけ前へ詰める。今、岳と野村の間には、四人の客が並んでいた。

〈もうこうやっていちいち打つの面倒くさいから、こっち来ちゃえよ〉

〈いや、ダメですって。ちゃんとルールを守って並ばないと。そんなことしたら、ズルズルこみになっちゃうじゃないすか〉

〈ラーメンラーメン。そっちもラーメンになってる。すすっちゃってる〉

　野村とのどうでもいいやりとりで、岳の中の鬱々《うつうつ》とした気持ちもいくらか和《やわ》らいでいく。いつの間にか自分が列の前から三番目にいることに気づいて、彼は急に不安に駆られる。

〈俺、別にコレ食いたいわけじゃないんだけど〉

〈え？　食いたいわけじゃない？　じゃあ何のために並んでたんすか？〉

〈何のために……並んでたんだろう〉

〈いや、ボケ無しかい。これホントのやつ？〉

〈そう。でもここまで来たら食わないのもったいないよな〉

〈そもそもここ、そんな中途半端な気持ちで食うタイプのラーメンじゃないんすよ〉

〈そうだよな。ただでさえ注文の仕方とか難しいって聞くし。マシマシてや、食う気もない奴が行ったら、怒られるカクリツタカメだよな〉

〈注文する気まんまんじゃん。ヤサイマシマシアブラカラメみたいに。あの呪文みたいって言われてるやつ〉

〈一回キレられたんだよね。従兄弟に〉

〈従兄弟？　あー、そう言えばさっき客席にいましたよ。子供連れたそれっぽい人〉

〈そのそれっぽい人に、従兄弟に。せっかく就職したのに一年足らずであっさり仕事辞めるってタイミングで、いきなり電話かかってきてめっちゃキレられて。なんかホント引くぐらい……。それ以来だったわ〉

〈だってそれだいぶ前っすよね〉

〈そう。それまで連絡取ってた訳でもないのに、なんでいきなりキレられなきゃいけないんだって、かなりムカついちゃって〉

成君は、あの時なぜ連絡してきたのか。従兄弟なのに。岳の中で再びそんな気持ちが湧き上がる。

〈ちょっと待って、岳さんの前の人、耳からうどん出てる。これからラーメン食うのに……〉

〈それもう二玉目だから。いや替え玉か。うーん……この場合どっちだ〉

〈え？　なんすか？　どういうこと？〉

岳は、成君があの時なぜ連絡してきたのか、本当はわかっている。でもどうしても、従兄弟なのに、という気持ちが拭いきれない。仕事を辞めてから今に至るまでずっと、どうでもいいことで、どうでもよくないことを誤魔化《ごまか》してきた。そして今だって、こうして野村や泉との関係を、またどうでもいいことで誤魔化そうとしている。ただ漠然と何かの列に並びながら、誰かと誰かの間に挟まれることで、ありとあらゆる責任から逃れ続けてきた。そうやってどこかしらに隠れながら、いざ自分が先頭に立つというタイミングで、こっそり列から抜ける。今、岳の前に並んでいるのはたった一人だ。ドアの向こうに、山のような野菜を箸で崩す男たちの背中が見える。

「岳さん」

彼は思わずスマートフォンをのぞき込んで、それから慌てて声のした方を向く。野村が指さす通りの向こうへ、岳はゆっくり首を傾ける。小さな男の子の手を引いた成君が、劇場の前に立っていた。目を合わせて口を半開きにしたまま、岳は動けない。

「また飛んでる」

野村の声がする。成君が左手を上げて、小さく振った。それでもまだ岳は固まったままだ。

「岳をよろしくお願いします」

成君が野村に向かって深々と頭を下げた。従兄弟なのに。それを見た岳の中に、再びそんな気持ちが湧き上がってくる。成君と男の子は駅の方へ歩いていく。二人の背中がみるみる小さくなる。ついに自分が列の先頭に立った時、岳はやっと空腹を感じた。

〈これ食ったら久しぶりにちょっと行く？〉

〈マジすか。こんなラーメン食った後に。それと二人はちょっと気まずいっすね〉

〈じゃあ泉にも声かけてみてよ〉

〈いやいや、それもっと気まずい〉

成君の姿はもう見えない。岳は列の先頭で自分の番が来るのを待ちながら、もう一度考えてみる。従兄弟だから。そう思い直して、勢いよく店のドアを開けた。

尾崎世界観（おざき・せかいかん）
一九八四年東京都生まれ。クリープハイプのヴォーカル・ギター。二〇一二年にアルバム『死ぬまで一生愛されてると思ってたよ』でメジャー・デビュー。文筆活動でも頭角をあらわす。著書に『祐介』『苦汁100％』『苦汁200％』『私語と』など。二〇二〇年『母影』に続き、二〇二四年『転の声』でも芥川賞候補に選出。クリープハイプ著（聞き手：木村俊介）『バンド』（ミシマ社）では、一四〇ページ以上にわたるインタビューに答えている。本誌では、岳と従兄弟の成を描いた小説を連載中。本作が五本目となる。

ミシマ社の最新刊とこれから出る本

『わたしの農継ぎ』

高橋久美子（著）

2024年9月17日発刊

装丁：鈴木千佳子
ISBN：978-4-911226-09-4
定価：1,800円+税

稼ぐためではなく、風景や知恵や種を、受け継ぐために。地元（愛媛）では農、東京では作家。チームで畑をして、ときにバンド活動もしながら模索した、新しい農のかたち。あらゆる分野で「継承」の問題に奮闘する方たちへ贈る一冊。

『tupera tuperaのアイデアポケット』

tupera tupera（著）

2024年10月24日発刊

装丁：寄藤文平・垣内晴（文平銀座）
ISBN：978-4-911226-10-0
予価：1,600円+税

絵本、工作、ワークショップ、展覧会、パッケージデザイン、企業ロゴ、街おこし…tupera tuperaが関わると、とたんに「楽しいもの」「面白いもの」へと変化する。75の工夫と発想を初披露。

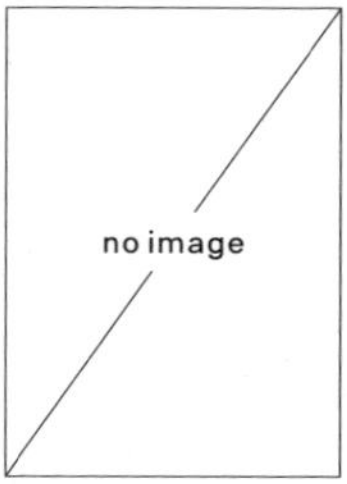

『ゆめがきました』

三好愛（著）

2024年11月発刊予定

装丁：大島依提亜
ISBN：978-4-911226-12-4
予価：2,000円+税

ねている ひとたち　みんなのところに　ゆめは きます
おやすみ絵本に、あらたな傑作誕生。とらえどころのない気持ちや経験を見事にイラストにし、エッセイにも注目が集まる作家が描く、初の絵本。

（絵と言葉）

寄藤文平

未来の描き方

その7 絵の話。

中学校の音楽の時間、ビバルディの作曲した「春」を聞いて、思い浮かんだ絵を口頭で発表するという授業があった。教室に「春」の第一楽章が流れる中、自分の想像世界をのぞくと、見えてきたのは「春」という文字が書かれたダンボール箱だった。これか〜。自分の想像にがっかりしたが、思い浮かんだものは仕方がない。箱を回転させると、なんと裏側は芝生になっていた。ポプラの樹と、そこを歩く人影も見える。箱を開けると中は青空であった。良いものを見た、と思った。

「春という箱が見えます」

発表を始めてすぐ、しまったと思った。先生の顔が暗い。みんな小川や草原や鳥が見えると答えていた。春って書いてあって…裏が芝生で…中が空で…。いざ声に出してみるとまったくバカみたいで、先生に「ふざけてるなら出ていきなさい」と言われ、いっそ清々しかった。

絵と言葉を比較して、絵の方がイマジナリーな想像世界が大きいかのような言われ方をすることがある。しかし描く立場からすると、まったく逆だ。

「コップ」を描くとき、まず考えるのはその高さだ。台形か方形か。ガラスか陶器か。取手はあるか。縁は厚いか薄いか。置かれているか浮かんでいるか。そういったことをいちいち定めないと一本の線も描けない。想像しているというより事務処理をしている感覚に近い。

さまざまなコップが多量に想起される一方で、描けるコップは一つしかない。なぜこのコップでなければならなかったのだろう。一つのコップを描きながら感じるのは、それ以外のコップを描かなかったことへの呵責《かしゃく》である。

ともあれ、描かれたコップは「このコップ」と定まる。そこに「コップ」という言葉が保っていた豊かなコップ世界はない。

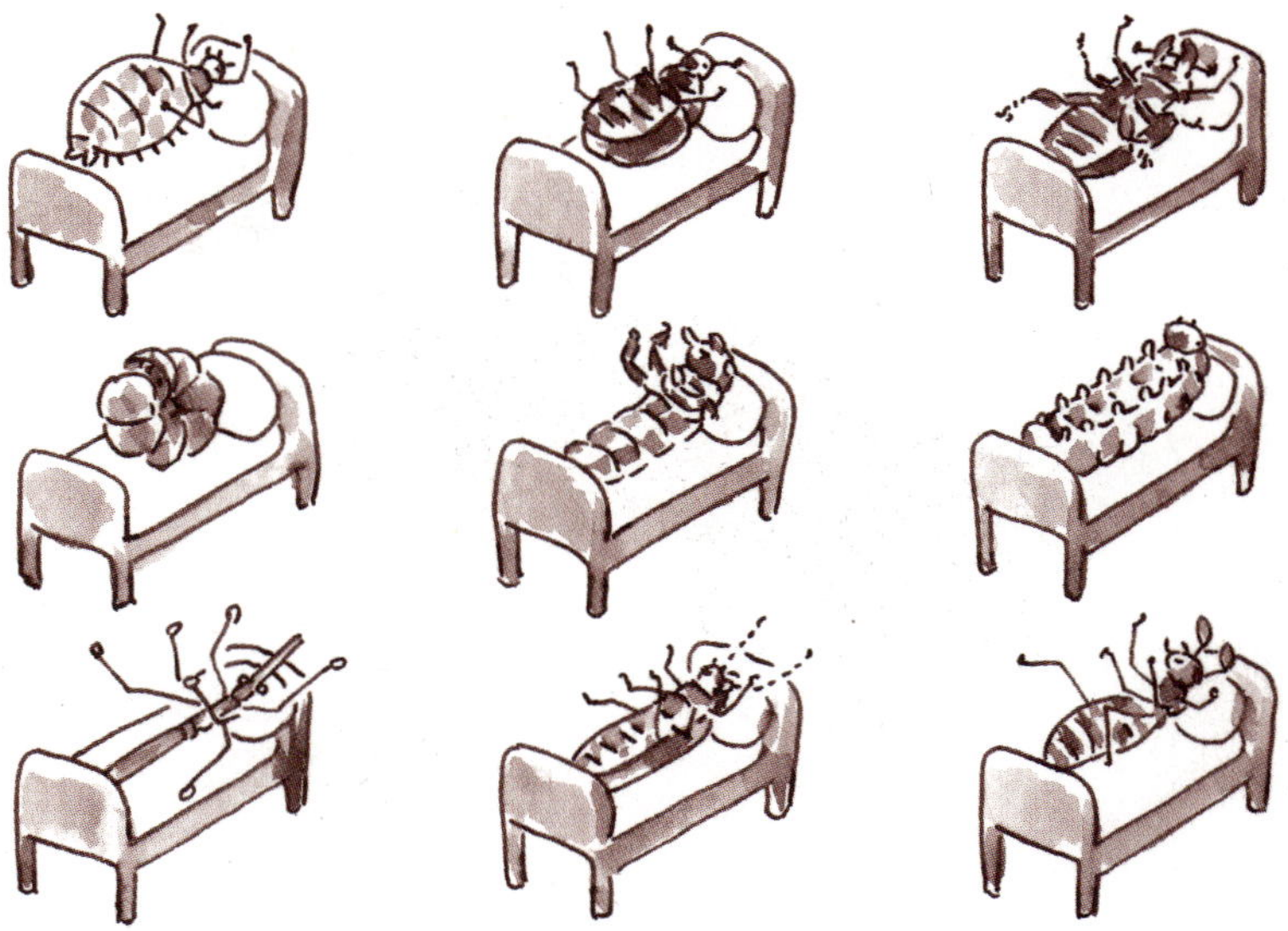

小説家カフカの書いた『変身』は、主人公が目覚めると自分が「ウンゲツィーファー（生《い》け贄《にえ》にできないほど汚れた動物或いは虫）」になっているところから始まる。

この「ウンゲツィーファー」を絵にするのは本当に難しい。細切れの描写からその姿を想起することで小説が成り立っているからだ。これが絵として描かれてしまうと、イマジナリーな世界が消し飛んで、どんな絵であっても、「これじゃない」感じになるだろう。

『カフカ素描集』によれば、一九〇〇年代初頭は、画家が挿画をほどこした華麗な本が芸術と認められる時代だった。勢い『変身』にも挿画を入れようとした出版社に対し、カフカは挿画は認めつつも、「それはだめです、お願いです！」「虫そのものは描かれてはいけないのです。遠くから見えるというのでもいけません」と、虫の描画だけは強く拒絶している。

出典：『モノも石も死者も生きている世界の民から人類学者が教わったこと』奥野克巳著（亜紀書房）

ある人類学の本の装丁を担当した。アニミズムを中心線にして、古今のさまざまな伝承や小説、言説を題材に、人と自然、神とのかかわりなどが考察されている。

本の表紙に装画を入れたいと考えたが、文をそのまま絵にしてしまうと、伝えようとしているイマジナリーな世界を収縮させてしまう。そこで、文の内容をまず図にして、そこに文の描く情景を重ね合わせるという方法を試した。

まず、文中に引用された「ある青年がクマとなって生きる物語」をモチーフに、人が歩きながらだんだんクマになるという図を描いた。そのままだと、単なる形態変化の図でしかない。言葉の世界において、人がクマになることは、人という生物がクマという生物に変化することではない。そこで、人とクマを両端に、その間を階調でつないでみると、思いがけず、独特の生き物があらわれた。

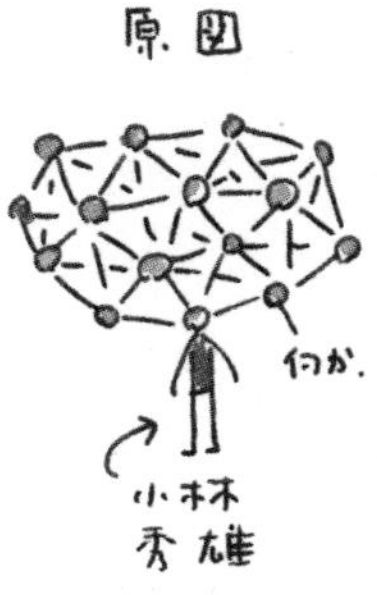

また、文中に引用されていた、小林秀雄の著作『感想』の一文をモチーフに図を考えた。たまたま目にした眼の前を飛ぶ蛍に、先だって亡くなった母の存在を感じた瞬間の、複雑な機微を描いた文だ。

文の内容から要素をとりだして、要素と要素の関係を線や単純な形で結びつけていく。ここでは、魂や霊と呼ばれてきたような何かを円とし、大小の円が偏在した空間を設定して、それらがネットワークを形成していると仮定した。そのネットワークに人が接続している。このとき、人の頭部もまた円となっており、全体で一体であることを示す図だ。

円を「光」に置き換えて、人影の頭部をその光に重ね合わせた。背景に、文章内に描かれている田舎の情景を描いてゆくと、それまで描いたことのないような、やはり独特の世界があらわれた。

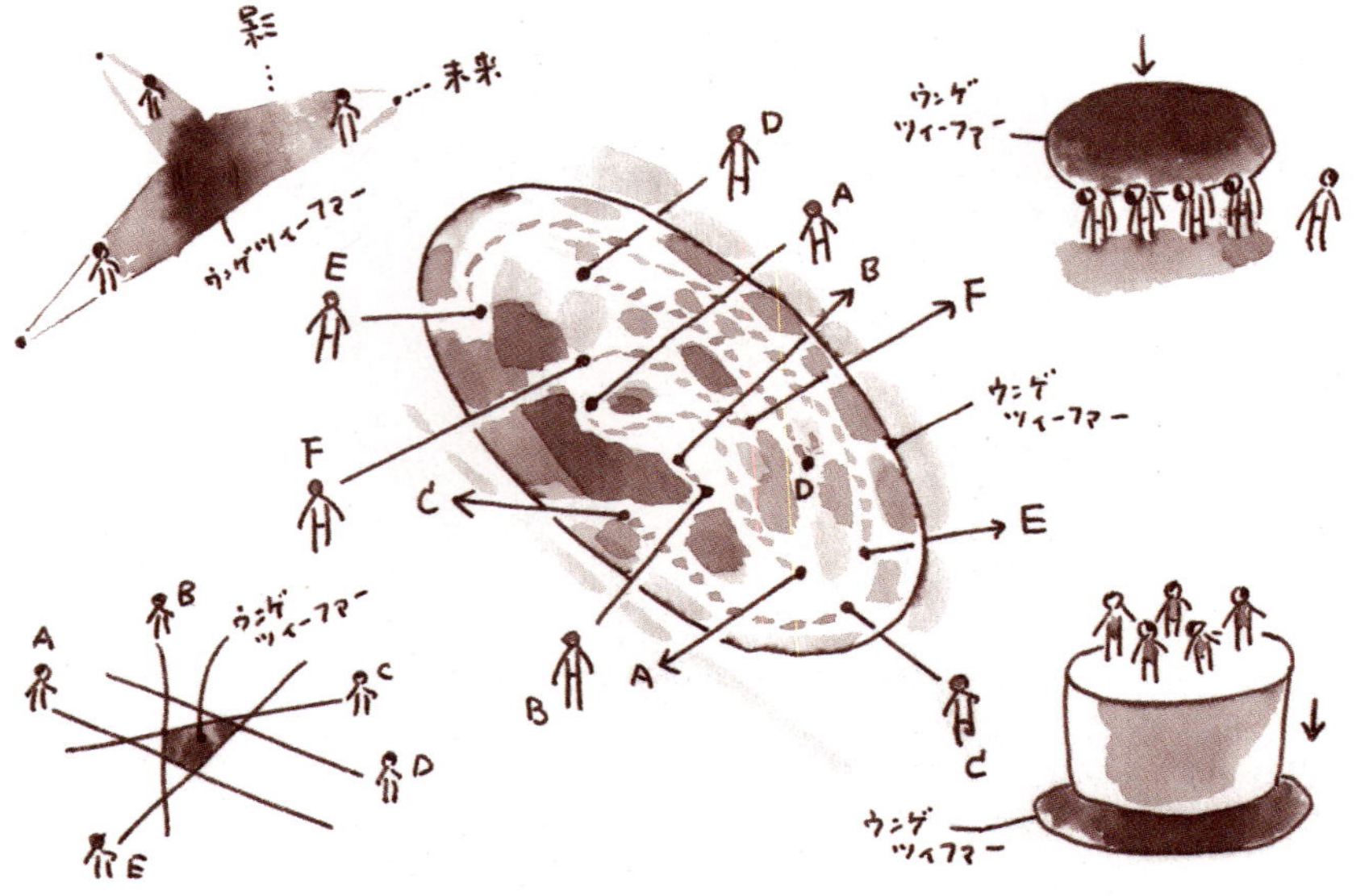

図に基づいて絵を描く。この方法はそれほど特殊なものではない。たとえば「コップ」の絵を描くということは、単純化された「コップ図」を想起し、その図に基づいて、具体的な描写を与えていくことだ。言葉から絵を描くとき、自然にやっていることだといえる。

文を読み解くことは、文になんらかの図を与えてゆくことでもある。その図に基づいて具体的な、もしくは抽象的な描写を与えてゆくことで、人を描いたりや風景を描くのと同じような意味で、「文を描く」ことができる。

絵を言葉にすればバカみたいな感じになるし、言葉を絵にすれば豊かなイマジナリー世界が消し飛んでしまう。しかし、両者が別々の世界をあつかっているわけではない。僕は、その接点に図を置くことで、言葉から図へ、図から絵へと、両者をとりもつ経路が開けるのではないかと考えている。

かつて『変身』の読みは「へんしん」だった。最近になって読んだ翻訳版では、「かわりみ」になっていた。多和田葉子さんの訳だ。なるほど、この物語の主人公は姿が変わっただけで、他は何も変わっていない。描かれているのは、周囲の人たちの「かわりみ」ではないか。
その視点から考えてみると、楕円と、そこを通過する線が思い浮かぶ。楕円が主人公、線が周囲の人たちだ。線は、楕円面を通過すると断線し、ズレる。線をひとつの身体と考え、人に置き換えて絵にすると、誰が誰ともわからない奇態な生き物のような絵になった。

寄藤文平（よりふじ・ぶんぺい）
一九七三年長野県生まれ。二〇〇〇年に文平銀座を設立。広告等のアートディレクションとブックデザインを中心に活動。著書に『デザインの仕事』など。

書店 再び共有地 1

本灯社

一冊一冊に、自分に、暮らしに灯りをともす

福岡県・福岡市

本灯社
創業：2023年
店舗面積：約9坪
店休日：水曜日
営業時間：11時30分～19時
住所：福岡市中央区平尾1-11-21-2F
電話：092-401-1606
https://www.kurasukoto.com/hontosha/

福岡市の中心部天神から車で十分ほどの住宅地。大通りに面した少しレトロなビルの階段をあがると、ちいさな扉がある。そのなかへ一歩、踏み込んだとたん、別世界！と感じた。広い。それにお客さんがいっぱい。この立地の、このビルの二階に人がこれほど集っていようとは。本棚で隔てられた向こう側に、カフェコーナーがゆったりとある。うっかりしたことだが、本灯社さんが「くらすこと」という事業体の一部門であることにこの日まで気づいていなかった。書店部門の責任者であるお二人は、以前お勤めの書店でお世話になっていたため、二人が独立したのだと思い込んでいたのだ。大きな勘違い。お店を訪問できたのは、オープンから一年後の二〇二四年六月初旬だった。（文・三島邦弘）

●「くらすこと」から再び本屋を

——お二人がまた本屋さんで働いていると聞いて、とても楽しみにしていました。本屋さんをしたくて、「くらすこと」に入ったのですか？

見月　いえ、大好きな本屋さんで働ききったあと、自分の暮らしから立て直さないと、と思っていたんです。そのとき、その人の暮らしを大事にすることを掲げたくらすこととと出会って。

山川　私は、大型書店に勤めたあと、個人書店の社員として楽しく働いていたのですが、家庭の事情で辞めることになって。その本屋さんで私と入れ違いだった見月さんからくらすことの話を聞いていて、入社することになりました。

見月　入社時にはなかった本屋さんをやろうと会社で話が出たときは、とても嬉しかったです。

——どういうお店にしていこうと？

見月　「くらすこと」は、「わたし自身のものさしを見つける」、というテーマで活動をしているんですね。本屋でも、社会や誰かの価値観ではなく、自分のものさしを見つけられるような、助けとなるような本を置きたいと思ってます。

イラストレーション＝松本千紘

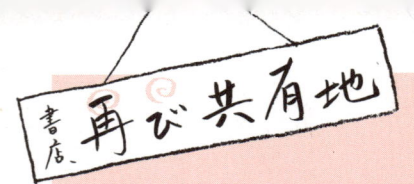

山川 このものさしを見つけるというところに則りながら、一回フィルターをかけて、自分たちの考えや等身大の自分たちがみんなと考えたいこと、悩んでることなどを共有できればなぁ、と。

見月 誰かの書斎みたいな雰囲気ですよね。

●いい時間だったなと思ってほしい

——きっと、カフェや雑貨目当てで来たお客さんも、本屋さんがあって喜ばれているでしょうね。

見月 本屋という開かれた場ができたことで、男性一人のお客様がゆっくり棚を見ていってくださったり、ご夫婦でいらしたり、本屋が始まる前にはなかった光景がとても増えました。

山川 自分たちが今までの人生で本屋さんに救われてきたところがいっぱいあるので、来てくれるお客さんにとってもそういう場所になれたら嬉しいです。

見月 お客さんがじっくり棚を見てくれたりすると、その様《さま》が尊い、すごいことだなと思って。そこから一冊何か見つけてくれたらもちろん嬉しいし、見つからなくても、一周でも二周でもしてもらってちょっと元気になってほしい。いい時間だったなって思ってくれたら何よりかなって思います。

●本、すごい！ がんばってる！

——あらためてうかがいますが、名前を本灯社としたのはなぜですか？

見月 書き手さん、出版社さん、それぞれのところで熱が本にどんどん加わって、一冊一冊に灯《あか》りがあるみたいなイメージがあって。その灯りを読者にそのまま届けたいっていう思いをこめました。

山川 いろんな灯りがひしめく本屋でありたいです。

——昔からずっとあるようななつかしさのある、素敵な書店名ですよね。書棚の一冊一冊に灯りと温かみを感じます。

見月 嬉しいです！ なんかね、本たちを褒めてます。「本、すごい！ がんばってる！」って。

山川 本はやっぱり面白いですよね。一冊一冊、ぜんぶ違いますし。その一冊一冊を大事に並べることは、自分を大事にすることと同じ。私たちも他の人もみんな大事にしてる。棚を見ているとそんな気持ちになります。

見月 みんないい顔して並んでます。

——お二人とスタッフさんの愛がこの空間に満ちていますよね。暮らすことに本は欠かせない。心からそう感じることができました。

書店、再び共有地 2

ほなび

無書店地域に本屋を開く

広島県・庄原市

ほなび
創業：2024年
店舗面積：80坪
店休日：火曜日／営業時間：9時30分〜19時
住所：広島県庄原市西本町2丁目12-10
電話：0824-73-9366
Instagram：@honyanohonabi

本コーナーに出ていただいた「萬屋《よろずや》」ウィー東城（広島県庄原《しょうばら》市）の佐藤友則さんが、庄原の中心地で本気の本屋をする。スタッフの方から噂のように聞いてはいた。二月のある日、突然、佐藤さんから電話があり、ミシマ社自由が丘オフィスでお会いした。そのとき、新店の構想とともに、「お店の名前、一昨日決まったんです」と披露してもらった。期せずして、関係者以外で「ほなび」の名を初めて耳にすることに。これはご縁以外の何ものでもない。迷いなく、五月十日のオープンから二カ月も経たないほなびを訪れた。思えば、お店の四代目である佐藤さんが新店を立ち上げるのは、これが初なのだった。（文・三島邦弘）

●新しくつくったのは、レジ台だけ

――この時代に本屋を作る。業界では、正気じゃないような見方をされているそうですね。

佐藤 ええ、けど、たしかに正気じゃやできんよな、と思います。ただ単に損益分岐点を超えるような本屋を作ってもしょうがないし、無書店地域にどんな本屋さんがあったらいいのか、これからどういう形だったら地域の人に喜んでもらえるのか、令和版のこれからの本屋さんづくりのモデルにならにゃあ、と思ってます。

――なんというか、お客さんを選ばない、ものすごく開かれた空間ですね。

佐藤 そうなんです。什器《じゅうき》（本棚）も、京都や島根や愛知で閉店した書店のをもらったんです。新しくつくったのは、レジ台だけですよ。そういうのもあって、お客さんが前から（自分が）使ってるような感じ（のお店）だ、と言ってくれたのは、嬉しかったですね。見てください、小学生がPOPを書いて置いていったんです。こんな新しいお店に！

●オープン前ってほんとは一番楽しいんじゃない？

――オープン前の棚詰めをお客さんと一緒にしたそうですね？

イラストレーション＝松本千紘

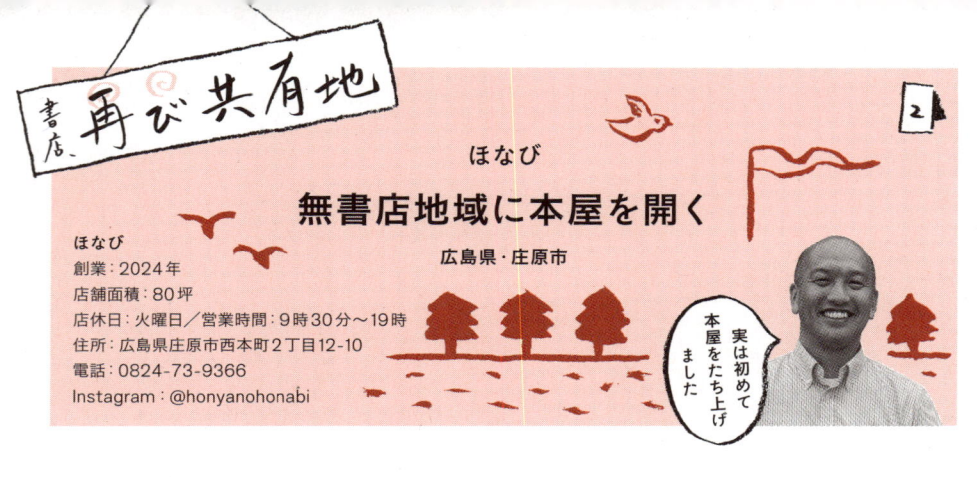

佐藤　昔から思うとったんです。取次に電話すると、担当者が暗い声で「新店の棚詰めがあるんで……」みたいなこと、よく言うでしょ。なんで？　お店のオープン前ってほんとは一番楽しいんじゃない？　テンション下がったまま棚入れすると、お店の雰囲気も下がります。いやいや、めちゃ楽しい仕事だし、俺もめっちゃ楽しみにしているし、と思ったらもう、一緒にやるしかないだろう！　とバーンと出てきたんです。

――おおお！

佐藤　作業日を三日間に分けて募集したんですが、最終的に一八〇人の応募がありました。さっきのPOPを書いてくれた小学生も、棚詰めの参加者です。

――もう、自分たちの本屋になっていますね！

●高校生の夢を近づけるという機能

佐藤　この場所を紹介されたとき、第一印象がめちゃめちゃよかったんですよ。この坪数の割に絵本がめちゃ多いでしょ。横が小学校で、そこに小児科がある。子どもの支援センターもある。ちょっと行ったら、高校がある。で、この場所が、こども未来広場なんです。目の前の通りは学園通りって言うんですよ。こんなお膳立てある？　と思いました。こりゃあ、子どもたちのためにやらないといけんな、と。「ちょっと体調悪くて小児科来ました。で、ご褒美に絵本買ってもらう」。これが原体験になったら、どれだけいいだろう。

――ほんとですね。

佐藤　ここに、高校生の自主学習スペースを作りたいなって思ったんです。そうしたスペースは図書館にもありますが、人生が変わる場所ではないですよね。地元の高校生に聞いても、「東京の大学行きたいです」くらいで、将来のことはぼんやりしていますよ。当然ですよね。将来こうなります、みたいな例が周りに少ないわけですし。

けど、本屋には、各ジャンルの第一人者の本がいっぱいある。本屋は出版社を通じて、その著者に手紙を届けることはできる。で、僕は思ったんです。ここに来れば高校生の夢を叶えられますよ、第一人者に手紙を届けますよ、って。コロナ後の価値でいいことのひとつは、オンラインで繋《つな》がれるようになったことですよね。そうしたら、広島の山の中にわざわざ来なくても、その人に出演してもらえる。高校生たちも聞くことができる。高校生が司会進行もすればいい。準備もすればいい。自主学習スペースと言いながら、そういう学びの場になりうる。そのなかで一〇〇人に一人でも未来が明確になれば、ラッキーですよ。

地元の高校生の夢を近づけるという機能が本屋にある。いいでしょ！

――いい！

（ブックレビュー）

『29歳、今日から私が家長です。』

イ・スラ／清水知佐子 訳
（CCCメディアハウス）

三島邦弘

著者は、「あとがき」でこう記す。「家族の世話と家事を無償で提供していた母たちの時代が去り、愛と暴力を区別できなかった父たちの時代が去り、権威を握ったことのない娘たちの時代も去って新しい時代がやってくることを願って書いた物語です」。これを読んで腑に落ちた。この本に惹かれたのは、展開やテンポの良さ、韓国の今を知ることができるという以上に、新しい時代の到来への祈りがこめられているからだった。

新しい時代――。本誌の特集と重なるテーマだが、著者のイ・スラさんはどんな未来を求めてこのことばを使ったのだろう？

本書の主人公は、著者自身である。自宅で作家をし、出版社を営む。社員は両親。最高の料理をつくってくれる母、掃除やちょっとした機械や器具の修理、運転手を見事にこなす父。こうした労働に対して社長である著者は対価を払い、執筆や取材など自身の仕事に専念。仕事以外の時間も、両親は社長である娘に干渉はせず、自室でスナックを食べながらNetflixを楽しみ、たとえ恋愛において効率を重視するあまり、娘がすり減るのを目の端で見ても口は出さない。なにせ、家長なのだから。それは韓国社会で長らく絶対的な存在だったのだ。もちろん、現代風にこうも言えるだろう。自由と個人を尊重する、自立した大人の生き方が徹底されている、と。

著者の求める「新しい時代」は、こういうかたちなのだろうか？

おそらく半分イエスで、半分ノーだ。

映画『国家が破産する日』や斎藤真理子著『韓国文学の中心にあるもの』に詳しいが、韓国は過去二十年ほどどの国よりも新自由主義を徹底してきた。それはそれ以外の選択肢をもちえなかった国の事情による。そのもっとも大きな原因は、IMF危機と呼ばれる一九九七年のアジア通貨危機に端を発する経済危機だ。韓国は経済的主権を失い、IMFに頼らざるをえなくなる。少子化率、経済効率性の厳しさ、いずれも日本よりはげしい。大学出の二人に一人が非正規雇用だという。階層、世代、男女など、差異のあるあらゆるところで、分断が生じてもおかしくない。ある意味、世界のもっとも先端をいっている。その状況下で、世代を超えて、個人を尊重しながら、ゆるやかにつながり合う。そんなことが可能なのかどうかはわからないが、人々が希求するのは当然と言えるだろう。

本書にこめられた「新しい時代への祈り」にも、こうした韓国社会の前提がある。そして著者は、人々が希求するあり方を、一度、新自由主義、行きすぎた個人主義と批判されたかたちを徹底することで探る。行ききってみよう、その先に何か見えるかもしれない。スラさんは、それを「願って」、ひとつの実験を自らの家族でおこなっているように思える。「このささやかな一冊の本が家父長制の代案になることはないでしょう。ただ、無数の抵抗の中の一つの事例になればいいなと願うばかりです」（「あとがき」）。ちいさな抵抗をつづける。望むような新しい時代が来るとすれば、そのくりかえしと、本書のような「おもしろい」を体感しつづけることの先にある。それだけは間違いないと思う。

「ちゃぶ台」のある本屋さんは、
こちらでご確認くださいませ。
（次号『ちゃぶ台14』の誌面には、
本誌常備店リストを掲載する予定です）

バックナンバー

❶

ちゃぶ台
「移住×仕事」号
ISBN978-4-903908-67-0
1500円＋税

❷
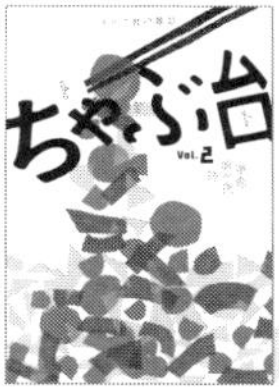

ちゃぶ台 Vol.2
「革命前々夜」号
ISBN978-4-903908-85-4
1500円＋税

❸

ちゃぶ台 Vol.3
「教育×地元」号
ISBN978-4-909394-00-2
1500円＋税

❹
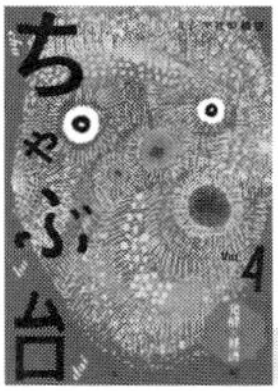

ちゃぶ台 Vol.4
「発酵×経済」号
ISBN978-4-909394-15-6
1600円＋税

❺

ちゃぶ台 Vol.5
「宗教×政治」号
ISBN978-4-909394-28-6
1600円＋税

❻

ちゃぶ台 6
特集：非常時代を
明るく生きる
ISBN978-4-909394-42-2
1600円＋税

❼

ちゃぶ台 7
特集：ふれる、もれる、
すくわれる
ISBN978-4-909394-52-1
1700円＋税

❽

ちゃぶ台 8
ミシマ社創業15周年記念号
特集：「さびしい」が、
ひっくり返る
ISBN978-4-909394-60-6
1700円＋税

❾

ちゃぶ台 9
特集：書店、再び
共有地
ISBN978-4-909394-67-5
1800円＋税

❿

ちゃぶ台 10
特集：母語ボゴボゴ、
土っ！
ISBN978-4-909394-80-4
1800円＋税

⓫
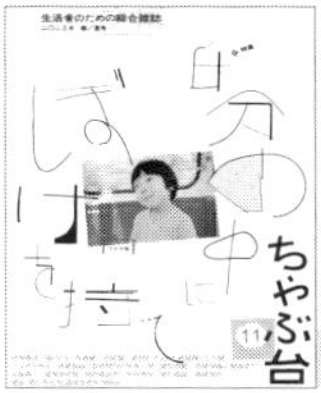

ちゃぶ台 11
特集：自分の中に
ぼけを持て
ISBN978-4-909394-89-7
2000円＋税

⓬
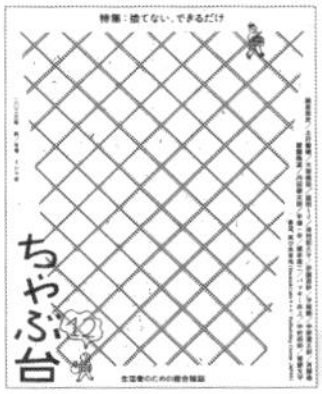

ちゃぶ台 12
特集：捨てない、
できるだけ
ISBN978-4-909394-98-9
1800円＋税

編集後記

二〇二四年元日の能登半島地震を経て、特集を「三十年後」とした。今に向き合うためにもことばを遠くに投げよう。そういう意図をもって。巻頭文に書いたとおりである。

特集の変更後ほどなく、発刊時期の延期も決断。コロナ下でのリニューアル以降、半年に一度の発刊で号を重ねてきたが、創刊から五号まで五年をかけたように、一年に一誌の刊行ペースに戻すことにした。時間の速度をゆるめる。雑誌自らが実践をすることで、特集の深度が増してほしい、そうした思いもこめて。

発刊を延ばしたことで、嬉しいことがつづいた。ひとつは、オンラインでする予定だった三浦豊さん、宮田正樹さん対談を周防大島でおこなえたこと。取材前日に来島し、三浦さんによる森案内を経て、対談の日を迎えた。対談直前に、宮田さんの畑を見学させていただき、新鮮なキュウリをもいだ。こうした時間があって、あのすばらしく豊かな時間が醸成した。これらの過程を経ずに、オンラインですべて終えていたら、と想像するだにぞっとする。遅らせる、延期する。そのような判断はネガティブに捉えられがちだが、延ばした時間分、完成物に愛がより宿ることもあろう。本誌がそうであることを願ってやみません。

もうひとつは、『ちゃぶ台』が一番好きな雑誌です」と言ってくださる方々に各所でお会いする機会があった。学生、就職先に違和感をもち最近辞めた人、子育てまっ最中の女性、などなど。「周りと『ちゃぶ台』を読む会をしています」という方もいた。発刊を四カ月延ばし、発刊を年に二回から一回に。それでも楽しみに待っていてくださる方々がいる。

こうした読者の方々の存在は、私たちにとって、ものすごく大きな希望であり励みでした。

なんとしても、この方たちにまっすぐ届けたい。そう思えながら制作できることの幸せを噛みしめずにはいられません。これも、遅らせたからこそ感じることのできた、かけがえのない実感のひとつです。

（三島邦弘）

若かりし頃、将来をぼんやり思い描くとき、こぢんまりとした規模の人たちと、真剣にかつおもしろく、なんらかの活動をしている画《え》を思い浮かべたことがあり、それが、今現在の状況と遠からずだなと、最近思いました。今、三十年後をぼんやり思い描くとき、小さな庭のどこに何を植えるかを真剣に悩んでいる画が思い浮かぶのですが、そんな平和が実現する未来であってほしいと、本号の原稿を読みながら、祈

るように思いました。

（星野友里）

「三十年後」という特集で思い出した、父とのプリクラ。小学生の頃、前橋のサティで、母と姉が服を見ている間、私と父はよくゲーセンにいた。数百円払って、必死にボートを漕ぐやつ、3Dゴーグルをつけてジェットコースター気分を味わえるやつ、いろいろやった流れで、「プリとろ〜」となったんだったっけ。写っている自分は、親指と人差し指をVにして顎につける懐かしいポーズをしていて、正直な写りで、ポップな証明写真のような趣がある。この時がどうとか今はこうとかではなく、ただ目の前にあるプリクラはとても大切で、あるもの起こることを比喩ではなくそのまま、受け取るにはどうすればいいんだろうと考えている。

（野﨑敬乃）

昨年はじめて韓国に行き、以来、韓国のエッセイや小説にはまっています。心で吸うようにぐんぐん読んでいます。言葉の新しい大海原があった！　というような喜びに、ここ数カ月の私の生活は支えられてきました。考えや気持ちが行き詰まっても、一呼吸おいてちょっと遠くをみたら、豊かな言葉にいつでもつながれるんだと、この号を制作しながらさらに力強く思うようになっています。

（角智春）

「漆原さん、三十年後のデザインをお願いします！」。本誌の打ち合わせの最後に三島さんからそんな言葉をかけられて、三十年後のデザインとは？　とぼんやり考えていたけど、お題のスケールが大きすぎて、自分ごととして捉えることがなかなか大変だった。

三十年前を思い返してみると、地元の近くの美術館で見たポスター展で初めて意識した「デザイン」という言葉は、どのように咀嚼《そしゃく》すればよいのかわからず、何だかよそよそしく感じられた。学校を卒業してデザイン事務所を転々としていた頃も、自らの技能の無さに直面して、その言葉はもっと堅苦しいものになっていた。独立してそれなりに時間が経ったいま、当時仰々しく感じられた「デザイン」という言葉から少しは解放されて、もっと自由でいいんじゃないか、と思うようになった。これまでの経験を携えて、肩の力も抜けてきた。

デザインを考えることは生活とも繋がっている。これまでのままならない暮らしを、何とか力技で落ち着けてきたようにも思う。目の前のことを愚直に積み重ねることで三十年後のデザインへとゆるやかに結び付いていくことを願っている。

（漆原悠一／デザイナー）

次号『ちゃぶ台14』は2025年11月に発刊予定です。

生活者のための総合雑誌

2024年号

ちゃぶ台⑬

特集：三十年後

2024年10月24日　初版第1刷発行

発行者＝三島邦弘

発行所＝株式会社ミシマ社
〒152-0035 東京都目黒区自由が丘2-6-13
TEL：03-3724-5616／FAX：03-3724-5618
e-mail：hatena@mishimasha.com／URL：http://www.mishimasha.com
振替：00160-1-372976
印刷・製本＝株式会社シナノ

組版＝有限会社エヴリ・シンク

装丁・デザイン＝漆原悠一（tento）

装画＝ミロコマチコ

編集長＝三島邦弘

編集＝星野友里・野崎敬乃・角 智春（ミシマ社）

Special Thanks to ミシマ社サポーターの皆様

ISBN 978-4-911226-11-7